Ist das noch gut oder muss das weg?

# IST DAS NOCH GUT ODER MUSS DAS WEG?

Alles über MINDESTHALTBARKEIT,
verdorbene LEBENSMITTEL,
richtige LAGERUNG und RESTEREZEPTE

# VORWORT

Jedes Jahr landen in Deutschland 11 Millionen (!) Tonnen Lebensmittel im Müll – und vieles davon ist noch essbar. Muss das wirklich sein?

Nein – denn in diesem Buch finden Sie umfassendes und hilfreiches Wissen rund um das Thema Verderblichkeit von Lebensmitteln.

In diesem Lebensmittellexikon werden Lebensmittel und Lebensmittelgruppen sowie deren spezifische Kennzeichen vorgestellt, anhand derer Sie deren Essbarkeit erkennen können. Zusätzlich bekommen Sie übersichtlich aufbereitete Fakten, welche Aussagekraft zum Beispiel das Mindesthaltbarkeitsdatum beim jeweiligen Lebensmittel hat und Tipps zur korrekten Lagerung oder zum Haltbarmachen, damit es gar nicht erst zu einem Verderb kommt.
Dazu gibt es noch tolle Rezeptvorschläge, was sich aus Lebensmittelresten so alles Leckeres zaubern lässt.

Alles auf einen Blick und wunderschön illustriert – hier muss (fast) nichts mehr weg!

# INHALT

## REZEPTSEITEN

# BASISWISSEN UND FAKTEN

# LEBENSMITTELVERSCHWENDUNG: DATEN UND FAKTEN

Hätten Sie es gewusst? Der *World Wide Fond (WWF)* hat den »Tag der Lebensmittelverschwendung« ausgerufen. Der 2. Mai markiert symbolisch den Tag im Jahr, ab dem die für Deutschland produzierten Nahrungsmittel nicht mehr auf dem Müll landen, sondern endlich verwertet und tatsächlich gegessen werden.

Mit dem »Tag der Lebensmittelverschwendung« will die Naturschutzorganisation WWF zeigen, dass wir in der Bundesrepublik fast ein Drittel des aktuellen Verbrauchs von Lebensmitteln ungenutzt wegwerfen. Also, verschwenden.

Obwohl niemand gerne Essen verschwendet, wird in deutschen Haushalten jedes achte Lebensmittel weggeworfen. So landen in den Mülltonnen der Privathaushalte 4,4 Millionen Tonnen pro Jahr. Pro Person sind das zwei vollgepackte Einkaufswagen mit einem Warenwert von 234 Euro und etwa 82 Kilogramm Gewicht.

## Background: Nachhaltigkeit geht anders

Zuerst einmal die moralische Keule: Jedes Jahr gehen weltweit etwa ein Drittel der Lebensmittel auf dem Weg vom Feld bis zum Teller verloren, während gleichzeitig etwa 800 Millionen Menschen unter Hunger leiden. Unser Einkaufsverhalten und unser Lebensstil der unbewussten, kollektiven Verschwendung belastet zusätzlich die Umwelt. Jährlich entstehen dadurch mehr als 38 Millionen Tonnen Treibhausgase, gut 43.000 Quadratkilometer (4,3 Millionen ha) landwirtschaftliche Fläche werden genutzt sowie 216 Millionen Kubikmeter (216 Milliarden Liter) Wasser verbraucht. Für jedes Nahrungsmittel verbrauchen wir zudem Energie bei Herstellung und Transport und verwenden Pflanzenschutzmittel, Mineral- und Wirtschaftsdünger, die die Umwelt belasten.

Noch mal zur Wiederholung: laut GfK-Studie (Gesellschaft für Konsumforschung) wird jedes achte Lebensmittel, das wir kaufen, weggeworfen. Vermutlich kommt der Gedanke auf, das müssen die anderen sein. Das trifft auf mich nicht zu. Die meisten von uns haben nicht das Gefühl, viele Lebensmittel wegzuwerfen. Doch die Realität sagt etwas Anderes. Unser Gefühl scheint uns da ein Schnippchen zu schlagen und uns zu täuschen.

Nach dieser GfK-Studie (2017), gefördert durch das Bundesministerium für Landwirtschaft und Ernährung, wirft jeder von uns pro Jahr mindestens 55 Kilogramm Lebensmittel weg. Insgesamt landen in Privathaushalten 4,4 Millionen Tonnen Lebensmittel im Müll, das sind täglich 150 Gramm pro Person. Und fast die Hälfte der Lebensmittelabfälle wäre vermeidbar gewesen ...

## Was werfen wir an Lebensmitteln weg?

In den Mülltonnen landen nicht in erster Linie tatsächlich verdorbene Lebensmittel, sondern Produkte, die uns nicht mehr gut und appetitlich genug erscheinen. Das betrifft mit 34 Prozent der Lebensmittelabfälle vor allem Obst und Gemüse. Welker Salat, schrumpelige Möhren oder Äpfel mit Druckstellen – all das, was für eine gesunde Ernährung besonders wichtig ist, aber leider auch bei falscher Lagerung schnell unansehnlich wird, landet am häufigsten in der Tonne. 16 Prozent unserer Lebensmittelabfälle sind zubereitete Nahrungsmittel, 14 Prozent Brot und Backwaren.

# SCHÄTZEN SIE LEBENSMITTEL WERT!

Wir leben nicht mehr in einer landwirtschaftlich geprägten Gesellschaft, sondern in einer hocheffizienten Industriegesellschaft mit Tendenz zu einem hohen Konsumverhalten und einem Leben im Überfluss, das ganz nebenbei zu einer Wegwerfgesellschaft führt. Gab es im Jahr 1960 in Deutschland rund 1,5 Millionen Bauernhöfe, so ist davon heute nur noch etwa ein Fünftel übrig. Rund 5.000 weitere schließen derzeit pro Jahr – Tendenz zunehmend. Da stellt sich doch die Frage, wer war schon mal in Kontakt mit der Basiseinheit aller Lebensmittel: dem Bauernhof? Laut einer Studie der DZ Bank könnten im Jahr 2040 bloß noch 100.000 Höfe existieren. Es drohe der »Abschied vom jahrhundertealten Modell des bäuerlichen Familienbetriebs«, heißt es. Das Gleiche gilt für die Handwerksberufe Bäcker und Metzger. Sie werden von Brot- und Fleischfabriken verdrängt. Somit sind Lebensmittel nicht mehr für uns erlebbar. Und sie verlieren damit ihren Wert. Über den Preisverfall der Lebensmittel mag man kaum reden: Deutschland – ein reiches Land in der EU – hat die niedrigsten Preise für Lebensmittel. Und das Schnäppchenjagen nimmt kein Ende. So werden Lebensmittel zu Wegwerfartikeln. Warum einen Tag altes Brot essen, wenn es doch so preiswert jeden Tag frisch gekauft werden kann? Im Jahr geben deutsche Haushalte rund 10,3 Prozent ihres Einkommens für Lebensmittel aus. Um das Jahr 1900 gaben deutsche Haushalte noch über die Hälfte aller Konsumausgaben für Nahrungsmittel aus und die Selbstversorgung war noch weit verbreitet. Wenn ein Produkt nicht viel kostet, ist es auch nicht viel wert und kann somit leicht und schnell entsorgt werden.

Lebensmittel sind für viele von uns immer und überall verfügbar. Aber wer von Ihnen hat schon mal einem Bäcker über die Schulter geschaut? Waren Sie schon mal in einer Käserei? Wussten Sie, dass ein Laib Emmentaler (75–80 kg) etwa 1.000 Liter silofreie Milch braucht? Haben Sie sich schon mal Gedanken darüber gemacht, wie aufwendig die Produktion von Lebensmitteln ist?

Wir haben uns von unseren Lebensmitteln entfremdet und das deutlich. Wir wissen nicht mehr genau, woher die Lebensmittel kommen und wie viel Arbeit und Ressourcen in ihnen stecken. So verlieren wir den Bezug zu unseren Lebensmitteln.

# WAS KÖNNEN WIR GEGEN LEBENSMITTELVERSCHWENDUNG TUN?

Lebensmittelabfälle entstehen permanent und aus unterschiedlichen Gründen. So kaufen wir Angebote im Großformat, um ein Schnäppchen zu machen. Schnell kaufen wir mehr als wir brauchen, weil es so lecker aussieht und wir auch keinen Plan haben, was wir eigentlich kochen wollen. Einige Lebensmittel lagern wir nicht richtig, sodass sie schneller verderben. Sobald das Mindesthaltbarkeitsdatum näher rückt oder abläuft, wandert das Produkt häufig unbekümmert in den Mülleimer. Es wird oft zu viel gekocht und Reste nicht mehr aufgewärmt oder weiterverwertet.

## Lebensmitteleinkäufe richtig planen!

Sobald wir einkaufen gehen, entscheiden wir über Lebensmittelabfälle. Kaufen wir mehr ein als wir benötigen und es handelt sich dabei um leicht verderbliche Ware, dann ist ihr der Mülleimer sicher. Schreiben wir uns keinen Einkaufszettel und hetzen nach der Arbeit in den Supermarkt – ohne zu wissen, was wir wirklich brauchen – wird es in der Regel eher mehr als weniger. Sinnvoll Lebensmittel einkaufen heißt, einen Einkaufzettel schreiben. Einen guten Einkaufszettel kann aber nur der schreiben, der auch weiß, was er und seine Familie essen werden. Da Samstag bei vielen Familien der Haupteinkaufstag ist, sollte man Freitagabend einen Wochenspeiseplan schreiben. Aus ihm leitet sich ab, was auf dem Einkaufszettel steht. Wer in der Woche Zeit zum Einkaufen hat, kann natürlich auch kurzfristiger planen und einkaufen. Jeder sinnvolle Einkauf braucht einen Essensplan im Kopf oder auf dem Papier. Wer damit anfängt, sollte die Papierform wählen. Auch wenn sich das nach viel Arbeit anhört, ist es über den Planungszeitraum gesehen eine Zeiteinsparung, da nicht jeden Tag darüber nachgedacht werden muss, was auf den Tisch kommt. Ein Wochenspeiseplan ist kein Muss, doch eine sinnvolle Unterstützung beim Management Ihres Haushaltes. Zum Wochenspeiseplan gehört natürlich auch der Quercheck mit Ihrem Terminkalender: Haben Sie außer Haus etwas vor? Oder kommt jemand zu Besuch?

## Vorratshaltung

Jeder Familien- und jeder Singlehaushalt sollte über Vorräte verfügen. Was das genau umfasst, ist schwer zu sagen. Bei typischen deutschen Essgewohnheiten ist es sicherlich sinnvoll z. B. Nudeln und Reis, Salz, Speiseöl, gekörnte Brühe, Marmelade oder Honig, Konserven, z. B. Tomate, Thunfisch, Mais, sowie Salz, Zucker und Gewürze auf Lager zu haben.

Der Kühlschrank sollte auch nicht gähnend leer sein, so sind dort z. B. Eier, Milch, Käse, Brotbelag und Streichfett für den täglichen Bedarf zu finden. Wie lange welche Lebensmittel bei richtiger Lagerung haltbar sind, können Sie auf den nächsten Seiten nachlesen und dann entscheiden, welches Lebensmittel Sie in welcher Menge kaufen können, ohne dass es verdirbt.

# MINDESTHALTBARKEITSDATUM: WELCHE BEDEUTUNG HAT ES?

Das Mindesthaltbarkeitsdatum (MHD) auf verpackten Lebensmitteln gibt den Zeitpunkt an, bis zu dem dieses Lebensmittel bei richtiger Aufbewahrung seine spezifischen Eigenschaften, beispielsweise Vitamingehalt, Geruch oder Geschmack, behält. Wurde die original verschlossene Verpackung richtig gelagert, sind Lebensmittel mit überschrittenem MHD häufig noch genussfähig und nicht mit dem Tag verdorben. Allerdings sollte man sich grundsätzlich – auch vor Ablauf des MHD – davon überzeugen, dass Lebensmittel in Ordnung sind. Bei untypischem Aussehen, Geruch, Geschmack oder Konsistenz sollten Sie das Produkt wegwerfen.

Übrigens: Im Handel löst ein abgelaufenes MHD kein Verkaufsverbot aus. Der Händler ist dann aber für die Sicherheit und Qualität des Lebensmittels verantwortlich. Gerichtsurteilen zufolge muss er einen Hinweis auf das abgelaufene MHD anbringen, den Preis muss er aber nicht reduzieren. In der Regel ist das aber der Fall, weil die Produkte schnell abverkauft werden sollen.

Gesetzlich geregelt ist das MHD in der EU-Lebensmittelinformationsverordnung. Demnach ist die Formulierung »Mindestens haltbar bis …« vorgeschrieben, wenn der Tag genannt wird. Ist das Mindesthaltbarkeitsdatum ohne Tag angegeben, ist die Formulierung »Mindestens haltbar bis Ende …« vorgeschrieben.

In puncto Genauigkeit muss sich der Hersteller nach der Haltbarkeit des Lebensmittels richten. Lebensmittel mit einem Mindesthaltbarkeitsdatum von unter 3 Monaten brauchen die Angabe Tag und Monat, Lebensmittel, die 3 bis 18 Monate haltbar sind, brauchen Monat und Jahr. Bei einer Haltbarkeit von über 18 Monaten muss nur das Jahr angegeben werden. Das MHD kann jedoch immer auch freiwillig mit Tag, Monat und Jahr angegeben werden.

## Verbrauchsdatum ≠ Mindesthaltbarkeitsdatum

Zwischen dem Mindesthaltbarkeitsdatum und dem Verbrauchsdatum gibt es einen deutlichen Unterschied. Das Verbrauchsdatum steht auf leicht verderblichen Lebensmitteln als »zu verbrauchen bis…« und ist auch wörtlich gemeint: Nach Ablauf des Verbrauchsdatums darf das Lebensmittel nicht mehr verkauft werden und es gehört tatsächlich in den Abfall. Verbrauchsdatum und MHD dürfen daher nicht verwechselt werden.

## Nicht alle Lebensmittel tragen ein MHD

Ausnahmen bestehen für folgende Lebensmittelgruppen:

- Frisches, unverarbeitetes Obst und Gemüse, einschließlich Kartoffeln
- Alkoholische Getränke mit einem Alkoholgehalt von 10 vol.% oder mehr
- Backwaren, die normalerweise innerhalb von 24 Stunden verzehrt werden
- Essig
- Salz
- Zucker
- Kaugummi und Zuckerwaren, die fast nur aus Zucker sowie Aroma- und/oder Farbstoffen bestehen

# RICHTIG LAGERN!

Einige Lebensmittel fühlen sich nach dem Öffnen nicht mehr in ihrer Originalverpackung wohl. Essensreste brauchen zumindest eine Frischhaltefolie, doch eine Plastikdose ist auf Dauer ökologischer. Wer Reste bevorraten möchte, braucht verschließbare Dosen oder Schraubgläser, Frischhalte- und/oder Alufolie, einen Obstkorb und eventuell einen Brotkasten.

Sortieren Sie neu gekaufte Ware immer nach hinten und behalten Sie ältere und vor allem angebrochene Lebensmittel im Blick. Eingemachtes und Eingefrostetes mit dem Datum beschriften, an dem es hergestellt, beziehungsweise eingefroren wurde.

## Vorratsschädlinge

Getreide und Getreideprodukte sind besonders anfällig für Lebensmittelmotten. Diese Schädlinge mögen nahezu alle Lebensmittel – außer Salz und Öl. Kontrollieren Sie deshalb regelmäßig selten benötigte Vorräte wie Gewürze und sogenannte Trockenwaren. Reinigen Sie regelmäßig Ihre Vorratsschänke von Essensresten. Befallene Lebensmittel sofort außerhalb der Wohnung und dem Haus in die Mülltonne entsorgen.

## Putz mich!

Lebensmittel mögen es sauber. Vor dem Säubern der Küchenschränke sollten diese vollständig ausgeräumt werden. Der erste Schritt bei der Reinigung von Küchenschränken ist die Beseitigung grober Schmutzpartikel. Am besten gelingt das mit einem Staubsauger, der sowohl über einen mittelgroßen als auch über einen kleinen Aufsatz verfügt. Mit dem mittelgroßen Aufsatz werden Flächen abgesaugt, während die schmale Variante für Ecken, Kanten und Zwischenräume dient. Ist der Schrank gründlich ausgesaugt, werden zunächst alle Flächen mit einem feuchten Tuch ausgewischt. Hier empfiehlt sich warmes Wasser mit etwas Spülmittel, da so auch grobe Verschmutzungen entfernt werden. Wer möchte, gibt etwa einen Teelöffel Essigessenz auf einen halben Liter warmes Wasser und wischt hiermit nach. Beim Abwischen der Innenseiten von Küchenschränken sollten auch die Schranktüren nicht vergessen werden. Sehr fleißige Menschen machen dies einmal im Monat, doch spätestens alle halbe Jahr sollte man schon den Lappen in die Hand nehmen.

Sorry, kein appetitliches Thema: Bei mikrobiologischen Untersuchungen in Kühlschränken ließen sich 100.000 Keime pro Quadratzentimeter nachweisen – mehr als das Tausendfache von dem, was sie auf der Toilette fanden. Die Bakterien kommen unter anderem durch Erde, die z.B. an Salaten, Radieschen oder Möhren hängt, in den Kühlschrank. Fleisch oder Aufschnitt sind stark mit Keinem belastet. Ist der Kühlschrank wärmer als 8 °C eingestellt, beginnen Mikroorganismen sich zu vermehren. Besonders viele Keime entwickeln sich, wenn die Rückwand des Kühlschranks feucht ist – ein idealer Nährboden. Zum Reinigen des Kühlschranks zunächst alle Lebensmittel herausnehmen und den Strom abschalten. Alle Böden aus dem Kühlschrank nehmen, mit Spülmittel heiß abwaschen und abtrocknen. Dann die Ablaufrinne hinten an der Rückwand des Kühlschranks säubern und mit einem Wattestäbchen die Öffnung, durch die das Kondenswasser abfließt, gründlich säubern. Mit einem Wasser-Essigessenz-Gemisch von 1 l Wasser zu 1 Verschlusskappe Essigessenz die Innenwände des Kühlschranks nachwischen. Mit einem Geschirrtuch trockenreiben. Alles wieder einräumen und nicht vergessen: den Kühlschrank wieder an den Strom anschließen. Am besten reinigt man den Kühlschrank jede Woche, doch spätestens nach 4 Wochen sollte der Kühlschrank gründlich gereinigt werden. Bei Tiefkühltruhen und -schränken verfährt man genauso. Der Tiefkühlschrank sollte halbjährlich abgetaut und im gleichen Verfahren wie der Kühlschrank gereinigt werden.

# WAS GEHÖRT WO IN DEN KÜHLSCHRANK?

Nach dem Einkauf sollten die meisten frischen Lebensmittel wie Milchprodukte, Fleisch und Fisch, ebenso wie Obst und Gemüse (mit Ausnahmen) in den Kühlschrank. Damit die Lebensmittel beste Lagerungsbedingungen erleben, ist es auch entscheidend, sie in das richtige Fach des Kühlschranks zu räumen.

Ein Kühlschrank hat mehrere Temperaturzonen. Das unterste Fach über der Obst- und Gemüseschublade ist am kühlsten. Nach oben hin steigt die Temperatur an. Die Tür bekommt beim Öffnen am meisten Wärme ab.

In einem herkömmlichen Kühlschrank sollten die Lebensmittel am besten wie folgt gelagert werden:

**Oberstes Fach (ca. 8 °C):**
Käse, Salami, Senf, Butter, Zubereitetes

**Mittleres Fach (ca. 5 °C):**
Joghurt, Quark, Lebensmittelreste in verschlossenen Dosen oder Gläsern

**Unterstes Fach über der Schublade:**
Leicht Verderbliches wie Fleisch, Fisch, Geflügel, Feinkostsalate, angebrochene Packungen

**Schublade ganz unten (ca. 9 °C):**
Obst und Gemüse (Ausnahme: Tomaten oder kälteempfindliches Obst wie exotische Früchte gehören gar nicht in den Kühlschrank)

**Tür:**
Eier, Milch, Dressing, Saucen, Tuben, Marmelade, Getränke

## Moderner Kühlschrank!

Viele haben einen Mehrzonenkühlschrank, der über weitere Temperaturzonen verfügt.
Die Kellerzone ist eine Spezialisierung des Gemüsefaches, welche eine noch bessere Lagerung von Obst und Gemüse ermöglicht. Sie eignet sich für kälteempfindliche Sorten. Dann gibt es die 0-Grad-Zone, die im Gegensatz zur Kellerzone Obst- und Gemüsesorten lagern kann, die nicht kälteempfindlich sind, allerdings lange Zeit frisch und knackig bleiben sollen. Des

Weiteren haben moderne Kühlschränke Zonen mit unterschiedlicher Luftfeuchtigkeit: Eine geringe Luftfeuchtigkeit eignet sich für Fleisch und Fisch, eine hohe für Obst und Gemüse.

## Tieffrieren

Einfrieren ist eine praktische Möglichkeit, Vorräte anzulegen und über einen längeren Zeitraum zu lagern. Es ist sinnvoll, Gemüse vor dem Einfrieren zu blanchieren. Festes Gemüse wie Blumenkohl, Brokkoli, Kohlrabi oder Möhren am besten klein schneiden, kurz in kochendem Wasser blanchieren und in Eiswasser abschrecken. Durch diese Methode wird der enzymatische Prozess unterbrochen und Vitamine sowie die frische Farbe bleiben erhalten. Nach dem Blanchieren das Gemüse gründlich abtropfen lassen und mit Küchenpapier trockentupfen, bevor es in einen Gefrierbeutel oder in eine Box kommt. Wichtig ist, darauf zu achten, dass möglichst wenig Luft an das Gemüse gelangt. Aus Gefrierbeuteln möglichst die Luft herausdrücken, das gilt immer beim Einfrieren.

Viele Obstsorten lassen sich gut einfrieren. Rhabarber dafür einfach in Stücke schneiden. Beeren zunächst nebeneinander auf ein Tablett oder eine flache Schale geben und einige Stunden vorfrieren und dann in Gefrierbeutel oder -dosen umfüllen. Äpfel und Birnen lassen sich am besten püriert oder klein geschnitten einfrieren, da sie ihre knackige Konsistenz verlieren.

Rohes, mageres Fleisch und auch marmoriertes, fettiges Fleisch lassen sich gut einfrieren. Würste, Fleischkäse und ähnliches hält wesentlich kürzer im Gefrierschrank als Fleisch. Fisch sollte nicht eingefroren werden, außer er ist wirklich frisch und war zuvor nicht auf Eis.

Brot und Brötchen lassen sich gut einfrieren. Im Backofen oder im Toast erwärmt, schmecken sie fast wie frisch. Neben Brot lassen sich auch Kuchen und Torten sehr gut tiefkühlen. Tortenstücke einzeln einfrieren und dann im Kühlschrank auftauen. Auch roher Mürbeteig, Quark-Öl- und Hefeteig sind gefriergeeignet.

# WARUM VERDERBEN LEBENSMITTEL?

Wie das Wort Lebensmittel schon sagt, handelt es sich zu 99 Prozent um Produkte, die aus pflanzlichem oder tierischem Leben entstanden sind. Das Leben ist diesen Produkten genommen worden, damit wir leben können. Und immer wenn etwas stirbt, entsteht auch neues Leben. Das Leben der Mikroorganismen, die das Lebensmittel zersetzen.

Wärme, ein hoher Wasseranteil, wenige natürliche konservierende Stoffe in den Nahrungsmitteln usw. führen dazu, dass Lebensmittel verderben oder unbrauchbar werden. Mikroorganismen wie Schimmelpilze und Bakterien sind an diesen Prozessen beteiligt, aber auch Enzyme tragen zum Verderben von Lebensmitteln bei.

Schimmelpilze und Bakterien siedeln sich auf der Oberfläche der Lebensmittel an und dringen nach und nach auch ins Innere ein. Sobald sie sich ausbreiten, beginnt die Nahrung zu schimmeln oder zu gären bzw. zu faulen.

Enzyme, die in sämtlichen Lebensmitteln vorkommen, beeinträchtigen die Qualität und Haltbarkeit ebenfalls. So tragen diese bei so manchem Obst und Gemüse dazu bei, dass sie nach der Ernte noch weiter reifen und auch, dass Fleisch mürbe wird. Ein sichtbares Beispiel für die Wirkung von Enzymen ist, wenn Äpfel nach dem Schneiden oxidieren und braun werden. Durch den Kontakt mit Sauerstoff werden Stoffwechselprozesse in Gang gesetzt, die für die bräunliche Verfärbung verantwortlich sind. Sobald diese Enzyme für die optimale Reifung der Produkte gesorgt haben, geht der Prozess langsam in den Verderb über, weshalb man das Obst und Gemüse rechtzeitig verzehren sollte.

## Das Leben der Mikroorganismen ist beeinflussbar

Auch die äußeren Bedingungen tragen zum Verderben von Lebensmitteln bei und kurbeln den enzymatischen Prozess sowie den Befall von Mikroorganismen an. So kann zu viel Licht den Geschmack, das Aussehen, vor allem aber den Vitamingehalt von Lebensmitteln beeinflussen. Der Vitamingehalt nimmt während der Lagerung ständig ab. Obst und Gemüse bauen aber im Dunklen langsamer die Vitamine ab und bleiben auch länger haltbar. So ist z.B. das Vitamin C nicht nur für unseren Körper ein Antioxidans, sondern auch für das Obst und Gemüse. Beides bleibt so länger jung und frisch.

Auch in Sachen Luftfeuchtigkeit ist Fingerspitzengefühl gefragt: Ist die Umgebung für Lebensmittel zu trocken, trocknen sie aus. Äpfel werden im Keller runzelig, in verschlossenen Plastiktüten gelagert bleiben sie lange Zeit tipptopp. Dann setzt die Atmung aus und der Apfel konserviert sich in seiner eigenen Atemluft. Ist sie wiederum zu feucht, entsteht ein optimales Milieu für Schimmelpilze und Fäulnisprozesse.

# GESUNDHEITLICHE GEFAHR VON LEBENSMITTELN

**Mikroorganismen** sind – abgesehen von Über- und Fehlernährung – die mit Abstand häufigste Ursache für lebensmittelbedingte Erkrankungen. Krankheitserreger können sowohl in tierischen als auch pflanzlichen Lebensmitteln vorkommen. Die heute häufigsten Lebensmittelinfektionen, die Campylobacteriose und Salmonellose, nehmen ihren Ursprung überwiegend aus tierischen Produkten.

Die **Campylobacteriose** war 2008 nach Angaben des Robert-Koch-Instituts die häufigste bakterielle Erkrankung beim Menschen. Typische Symptome einer Campylobacter-Infektion sind Fieber, Kopf- und Muskelschmerzen, kurze Zeit darauf Erbrechen, Durchfälle, die blutig sein können, und heftige Bauchschmerzen. Diese Anzeichen können unmittelbar oder aber erst nach etwa acht Tagen auftreten. Diese lange Inkubationszeit erschwert es, die Quelle der Infektion zu ermitteln. In der Regel klingt die Erkrankung nach wenigen Tagen von selbst wieder ab. Klassische Infektionsquellen sind unzureichend erhitztes Geflügelfleisch, Eier und aus rohen Eiern erzeugte Produkte wie Mayonnaise sowie Rohmilch. Eine direkte Übertragung von Mensch zu Mensch auf fäkal-oralem Weg ist nur selten zu beobachten, doch auch Haustiere wie Katze, Hund oder Vogelvieh können über den Kot und fehlendes Händewaschen eine Übertragungsquelle von Campylobacter sein. Campylobacter vermehrt sich nicht mehr beim toten Tier, doch schon kleine Mengen lösen die Infektion aus. Geflügel im Besonderen und Fleisch im Allgemeinen sollte daher immer gut erhitzt und durchgebraten sein.

**Salmonellen** sind Bakterien, deren Stoffwechselprodukte beim Menschen eine akute Darmentzündung, die Salmonellose, auslösen können. Die Salmonellose gehört nach Angaben des Robert-Koch-Instituts (RKI) zu den häufigsten bakteriellen Erkrankungen beim Menschen. Salmonellen vermehren sich ab 7 °C. Sie werden nur durch gründliches Erhitzen der Lebensmittel auf mindestens 70 °C abgetötet. Um lebensmittelbedingte Salmonellen-Infektionen zu vermeiden, empfiehlt es sich folgende Hygieneregeln einzuhalten: Werden rohe Produkte wie Eier, Fisch oder Fleisch verwendet, so sollten bei der Zubereitung unterschiedliche Schneidebretter, Schälchen und Messer verwendet werden. Zum Abtrocknen eignen sich am besten kochfeste Geschirrtücher oder Küchenpapier. Nach dem Kontakt mit Fleisch, Eiern oder Fisch sollten nicht nur die Hände, sondern auch Arbeitsflächen, die mit den rohen Lebensmitteln in Kontakt gekommen sind, gereinigt werden. Tiefkühlkost sollte nach Möglichkeit im Kühlschrank und nicht bei Zimmertemperatur aufgetaut werden.

Nach dem Toilettenbesuch Hände mit Seife gut waschen und während und nach einer Lebensmittelinfektion Desinfektionsmittel verwenden. Personen mit Durchfallerkrankungen sollten niemals Speisen für andere zubereiten.

Ein hohes gesundheitliches Risiko geht auch von den giftigen Stoffwechselprodukten der **Schimmelpilze** aus, die in zahlreichen Lebensmitteln enthalten sein können. Die wichtigsten in Lebensmitteln vorkommenden Schimmelpilzgifte sind Aflatoxine, Ochratoxin A, Patulin und Fusariumtoxine.

Aflatoxine werden vorwiegend in wärmeren Klimazonen auf fettreichen, pflanzlichen Produkten gebildet. Hierzu zählen beispielsweise Erdnüsse, Pistazien und andere Nussarten sowie Mais. Patulin hingegen kommt in Äpfeln und in Produkten vor, die aus Äpfeln hergestellt werden. Ochratoxin A und Fusariumtoxine werden häufig in Getreide und Mais nachgewiesen, Ochratoxin A darüber hinaus auch in Kaffee und Trockenobst.

**Mutterkorn** wächst vorwiegend auf Roggen, aber auch auf Weizen, Gerste und Hafer. Es bildet eine ganze Gruppe giftiger Substanzen (Mutterkorntoxine, Mutterkornalkaloide). Auf alle diese Schimmelpilze werden Lebensmittel von den Untersuchungsämtern und Laboren der Unternehmen untersucht. Trotzdem sind unsere Lebensmittel nicht frei davon. Es gibt keinen 100-prozentigen Schutz. Durch eine sachgerechte Lagerung (kühl, trocken und dunkel) trägt man selbst dazu bei, dass der Schimmelpilz sich möglichst nicht weitervermehrt, denn sehen, riechen und schmecken können wir Schimmelpilze und ihre Sporen in der Regel nicht.

# LEBENSMITTEL-LEXIKON

# OBST

## Generelle Haltbarkeit

Einige Obstsorten halten sich nicht lange frisch, dazu gehören z. B. Beerenobst, Trauben, Pflaumen, Pfirsiche und Nektarinen; anderes Obst wie Äpfel lassen sich problemlos über lange Zeiträume hinweg lagern.

## Was sagt das MHD aus?

Bei Frischware von Obst und Gemüse gibt es kein Mindesthaltbarkeitsdatum. Die Optik, der Geruch und der Geschmack sind gute Indikatoren um festzustellen, ob Obst noch verzehrfähig ist.

### NOCH GUT

- **Runzelige Äpfel oder Pfirsiche** – das kommt mal vor – haben Wasser verloren, schmecken roh meist nicht mehr so gut, aber lassen sich zu Apfelmus oder Konfitüre verkochen.
- **Druckstellen, Dellen oder auch Bohrlöcher von Insekten** verderben zwar schneller durch die Beschädigung, können aber problemlos gegessen werden. Sie sind zu schade für den Abfall und sollten aussortiert und als Erstes verwendet werden.

## GEWUSST?

Das Reifegas Ethylen, das von Tomaten, Äpfeln und Birnen ausgeht, lässt Exoten wie Bananen, Kiwis, Mangos, Ananas und Feigen schneller reifen und verderben. Deswegen nicht zusammen aufbewahren!

## TIPP

Obst direkt aus dem Kühlschrank hat nicht die passende Geschmackstemperatur. Erst wenn es Raumtemperatur hat, entwickelt es sein volles Aroma. Legen Sie abends die Obstmengen in eine Obstschale, die Sie und Ihre Familie am Tag ungefähr essen. Nicht, dass vor lauter richtiger Lagerung das Obst in Vergessenheit gerät.

## MUSS WEG

**Schimmelige oder faulige Früchte müssen weg.** Aber: Nur weil eine Heidelbeere oder Nektarine Schimmel hat, muss nicht sofort die ganze Packung in den Müll wandern!

## Richtig lagern

- **Beerenobst (z. B. Erdbeere, Himbeere, Brombeere, Johannisbeere, Stachelbeere, Heidelbeere, Weintraube)** möchte kühl und dunkel im Kühlschrank aufbewahrt werden. Bitte locker in einer nicht-luftdichten Dose verpackt lagern, damit Luft zirkuliert und keine Verdunstungsnässe entsteht. Nach drei Tagen sollten Beeren verputzt sein; Weintrauben halten durchaus eine Woche.
- **Kernobst (z. B. Apfel, Birne, Quitte)** kann in kleinen Mengen im Kühlschrank und in größeren Mengen im dunklen, kalten Vorratskeller aufbewahrt werden. Äpfel lassen sich in einer verschlossenen Plastiktüte gut aufbewahren. So können Sie die Äpfel in den Tiefschlaf schicken, da mit der Zeit der Sauerstoff verbraucht ist und der Stoffwechsel der Äpfel heruntergeht. Dies sorgt für eine längere Frische von Äpfeln. An einem kühlen Ort kann der Apfel je nach Sorte über Wochen und Monate lagern. Birnen sind je nach Sorte und Jahreszeit sehr empfindlich und halten nur wenige Tage. Andere lassen sich aber durchaus Wochen kühl und dunkel lagern. Quitten sind in der Regel am wenigsten empfindlich, was die Lagerung angeht.
- **Steinobst (z. B. Aprikose, Pflaume, Pfirsich, Nektarine, Kirsche, Mirabelle und Zwetschge)** lagert bevorzugt im Kühlschrank. Kirschen haben vermutlich die kürzeste Lagerzeit von zwei bis drei Tagen. Zwetschgen können durchaus eine Woche im Kühlschrank lagern. Entscheidend ist hier der Reifezustand des Steinobstes beim Einkauf oder Pflücken.
- **Exoten (z. B. Kiwi, Banane, Ananas, Mango, Kaki, Feigen)** sind Einzelgänger. Die Banane liebt kühle Zimmertemperatur, kann aber auch im Kühlschrank aufbewahrt werden. Dort wird die Schale zwar schneller braun, aber die Banane selbst ist länger gelb und haltbar.
  Kiwi, Drachenfrucht und Feigen lieben die Temperatur des Kühlschrankes, um lange genussfähig zu sein. Ananas, Maracuja, Mango, Karambole und Kaki reifen gerne bei Raumtemperatur nach. Sind sie überreif, hilft die Kühlschranktemperatur den Reifegang zu reduzieren. Alle Exoten sind sensibel in Bezug auf Lagerung und halten selten länger als eine Woche bis zehn Tage.
- **Zitrusfrüchte (z. B. Orange, Mandarine, Grapefruit, Zitrone und Limette)** können hell und bei kühler Raumtemperatur gelagert werden. Zitrusfrüchte lassen sich vier bis sechs Wochen problemlos Zuhause lagern.

## Haltbar machen

**Einfrieren:** Sie können fast jedes Obst einfrieren. Wichtig ist, dass Sie es in mundgerechte Stücke schneiden. Durch das Einfrieren werden die Zellwände des Obstes zerstört, somit verliert das Obst an seiner Optik.

**Konfitüre:** Mit Gelierzucker (2:1 oder auch 3:1) lässt sich in Windeseile schnell ein Gelee kochen. Früchte waschen, putzen, in mundgerechte Stücke schneiden. Zusammen mit 5 Esslöffeln Wasser und der passenden Menge Zucker aufkochen, nach Packungsanleitung 1-3 Minuten sprudelig kochen lassen, pürieren und in Twist-off-Gläser füllen (dürfen ruhig alte Marmeladengläser sein).

**Mus kochen:** Kernobst und Steinobst lassen sich gut zu Kompott kochen. Die in mundgerechte Stücke geschnittene Obstsorte mit wenig Wasser weich kochen, pürieren und mit Zucker oder anderem Süßungsmittel süßen.

**Melonen** halten nicht länger als ein bis zwei Wochen. Im Kühlschrank sind einige Sorten zwar länger haltbar, verlieren aber an Aroma.

**Bereits geschnittenes Obst**, ob Ananas oder Wassermelone, bewahren Sie in einer Plastikbox oder mit Frischhaltefolie umwickelt im Kühlschrank auf. Nach Aufschnitt innerhalb von fünf Tagen verzehren.

## Resteverwertung

Obstteller (aufgeschnittenes Obst) statt Chips vor dem Fernseher oder PC snacken, so lagert Obst nie lange.

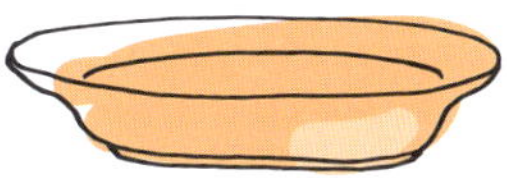

# PFIRSICH-BROMBEER-CRUMBLE

FÜR 4-6 PERSONEN

4 Pfirsiche
100 g Brombeeren
75 g Zucker
120 g Weizenvollkornmehl
30 g zarte Haferflocken
20 g Kokosraspeln
80 g Butter
1 Prise Salz
1 EL Puderzucker

Das Obst waschen. Nun die Pfirsiche halbieren, den Stein rauslösen und das Fruchtfleisch würfeln. Alles mit 2 EL Zucker vermengen und in 4–6 Auflaufförmchen oder eine große Auflaufform verteilen. Mehl, Haferflocken und Kokosraspel sowie restlichen Zucker und Salz in einer Schüssel vermischen. Butter in kleine Stückchen dazugeben und zu Streuseln verkneten. Dann über das Obst verteilen. Im vorgeheizten Ofen bei 180 °C 25–30 Minuten goldbraun backen.

Varianten:

Sie können dieses Crumble mit Äpfeln, Birnen oder jedem Steinobst zubereiten. Auch Rhabarber eignet sich, ebenso wie Mango oder Kaki.

# GUTE-LAUNE-SMOOTHIE

FÜR 4 PORTIONEN (CA. 600 ML)

¼ Ananas
1 Banane
1 Orange
1 Stange Staudensellerie
50 g Baby-Blattspinat
200 ml Orangensaft
Saft von ½ Zitrone

Die Ananas schälen und vom harten inneren Strunk befreien. Banane und Orange schälen. Staudensellerie und Spinat waschen und putzen.
Alle vorbereiteten Zutaten in grobe Stücke schneiden und in den Mixtopf geben. Orangen- und Zitronensaft hinzufügen und alles 10–30 Sekunden mixen. Den Smoothie sofort servieren.

Varianten:

Sie können die Ananas gegen Mango, Kaki, Melone oder andere Exoten austauschen. Wenn Sie keine Bananen haben, dann wird Ihr Smoothie weniger cremig.
Wenn Sie keinen Saft haben, dann geben Sie etwas Wasser in den Mixer.
Auch Smoothies aus Beerenobst sind lecker.

# VERSUNKENER APFELKUCHEN

**Für den Rührteig:**
**4 Eier**
**250 g Mehl**
**200 g Butter**
**180 g Zucker**
**100 ml Sahne**
**180 g Apfelmus**
**1 Päckchen Vanillezucker**
**2 Päckchen Vanillepuddingpulver**
**2 TL Backpulver**
**1 Prise Salz**

**Für den Belag:**
**600–700 g kleine Äpfel**
**1 EL Zitronensaft**

Den Ofen auf 180 °C vorheizen, eine Springform mit Butter einfetten. Für den Rührteig die Butter mit dem Zucker, Vanillezucker und Salz schaumig schlagen. Die Eier nach und nach darunter quirlen. Mehl mit Puddingpulver und Backpulver in einer Schüssel mischen. Über die Butter-Eier-Mischung sieben und zusammen mit Sahne und Apfelmus unter den Teig rühren. In die Springform füllen und glattstreichen.
Die Äpfel waschen, schälen, halbieren und das Kerngehäuse entfernen. Mit Zitronensaft beträufeln, damit sie nicht braun werden. Die gewölbte Seite mehrfach einschneiden. Mit der glatten Seite nach unten auf dem Teig verteilen. Auf der mittleren Einschubleiste ca. 55 Minuten backen.

## Varianten:

Sie können statt Apfelmus auch zerdrückte Banane unter den Teig geben.
Anstelle von Äpfeln können Birnen, Steinobst aber auch Beerenfrüchte wie Himbeeren, Blaubeeren und Brombeeren verwendet werden. Eine Obstmischung macht den Kuchen besonders interessant.

# BEERENMARMELADE

FÜR 3-4 GLÄSER Á 250 ML

750 g Erdbeeren
125 g Heidelbeeren
2 EL Zitronensaft
500 g Gelierzucker 2 plus 1
2 EL Gin

Erdbeeren und Heidelbeeren waschen und gut abtropfen lassen. Das Grün von den Erdbeeren schneiden und sie dann halbieren oder vierteln. Die Heidelbeeren pürieren und alles bis auf den Gin in einen Topf geben und über Nacht ziehen lassen. Die Mischung bei starker Hitze unter Rühren zum Kochen bringen, bis das Kochgut sprudelt. Dann 4 Minuten sprudelnd kochen lassen, dabei ständig rühren.

Den Topf vom Herd nehmen, Gin unterrühren. In heiß ausgespülte Marmeladengläser heiß abfüllen, sofort den Schraubdeckel verschließen, die Marmeladengläser auf den Kopf auskühlen lassen.

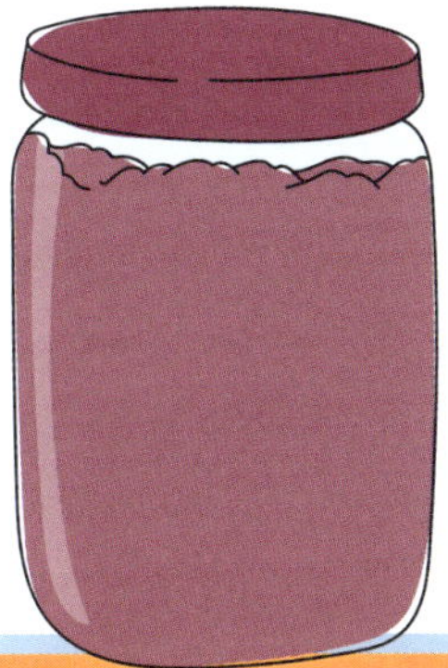

Varianten:

Anstelle von Heidelbeeren können Sie auch Rhabarber, Aprikosen oder Himbeeren verwenden.

# TROCKENFRÜCHTE, KANDIERTES OBST

## Generelle Haltbarkeit

Trockenobst bzw. Trockenfrüchte sind gedörrtes Obst mit einer Restfeuchtigkeit von ca. 20 Prozent. Der genaue Restfeuchtegehalt hängt von der Obstsorte ab. Trocken und dunkel gelagert, halten sie über ihr Mindesthaltbarkeitsdatum hinaus. Das gleiche gilt auch für kandierte Früchte. Bei ihnen ist durch das Aufkochen in Zuckerlösung der Zuckergehalt der Früchte auf mindestens 70 Prozent erhöht und der Wassergehalt deutlich reduziert.

## Was sagt das MHD aus?

Beide Produkte halten deutlich länger als ihr Mindesthaltbarkeitsdatum verrät. Wichtig ist, dass Trockenobst und kandierte Früchte gut verschlossen, dunkel, trocken und je kühler desto besser aufbewahrt werden. Beide halten noch über ein Jahr nach Ablauf des Mindesthaltbarkeitsdatums.

## NOCH GUT

- **Auskristallisierter Zucker**, erkennbar an weißen Pünktchen, stellt keinen Verderb dar.
- Manchmal haben besonders klebrige Früchte **mehlig-weiße Oberflächen**. Das ist in der Regel Stärke oder Reismehl, mit dem die Früchte bestäubt wurden.
- **Weiße Risse bei kandierten Früchten**. Das ist Zucker, der austritt, und somit sind die Früchte essbar.

## Richtig lagern

Trockenobst nach dem Öffnen möglichst in fest verschlossenen Gefäßen kühl, dunkel und trocken lagern. Außerdem sollten die Früchte regelmäßig auf Schädlingsbefall und Schimmelbildung hin überprüft werden. Richtig verpackt, halten die Früchte Jahre übers Mindesthaltbarkeitsdatum.

**GEWUSST?**

Die bekanntesten kandierten Produkte sind Zitronat und Orangeat sowie Cocktailkirschen. Zu Weihnachten verlangen die Keks- und Kuchenrezepte danach. Gut in einer Plastiktüte verschlossen, schlummern die Reste in der hintersten Ecke des Küchenschranks und lassen sich einwandfrei in der nächsten Adventszeit weiterverwenden.

## Haltbar machen: Einfrieren

Das Trocknen und Kandieren sind uralte Konservierungsverfahren. Doch wer ganz sicher sein will, gibt seine Trockenfrüchte in den Gefrierschrank.

**MUSS WEG**

- Befall von Insekten
- Bei Schimmel oder Fäulnis
- Komischer Geruch

## Resteverwertung

Trockenobst und -früchte klein hacken und unter das Müsli geben. Rest in Wasser einweichen und zusammen mit frischen Obstresten zu Konfitüre kochen. Statt Süßigkeiten einfach mal eine kleine Handvoll Trockenfrüchte knabbern.

# GEMÜSE

## Generelle Haltbarkeit

Eine Einheitsregel zur Haltbarkeit gibt es beim Gemüse nicht. Generell lassen sich Möhren und Sellerieknollen lange im Gemüsefach oder dunkel im kühlen Keller im Tongefäß oder Jutesack lagern. Zucchini, Paprika oder Radieschen wollen nicht länger als eine Woche frisch im Gemüsefach des Kühlschranks bleiben.

## Was sagt das MHD aus?

Bei Frischware gibt es kein Mindesthaltbarkeitsdatum.
Bei Dosen und Gläsern muss man das Datum nicht auf die Goldwaage legen. Riecht die Ware gut und sieht auch gut aus, dann lässt sie sich auch noch lange nach dem Mindesthaltbarkeitsdatum verzehren. Geschnittenes Gemüse wie Zucchinispaghetti oder auch verzehrfähige Salatmischungen haben ein Mindesthaltbarkeitsdatum und halten meistens auch nicht wirklich länger. Diese sollte man aufgrund des hohen Anteils an Schnittfläche am besten direkt nach dem Kauf verzehren.

## Richtig lagern

Die Mehrzahl der Gemüsesorten gehört ins Gemüsefach des Kühlschranks, dazu zählen **Gurken, Zucchini, Bohnen, Brokkoli, Fenchel und Paprika.**

Bei Gemüse wie **Kohlrabi, Radieschen, Rettich, Fenchel** sollte man das Grün vor der Lagerung wegschneiden, dann hält das Gemüse länger.

Bei **Blumenkohl** bleibt das Grünzeug und hält den Kopf länger frisch. Bei **Rotkohl, Weißkohl, Radicchio oder auch Wirsing** lässt man ebenfalls die äußeren umschließenden Blätter dran. Sie trocknen ein und schützen so die inneren Blätter vor dem Austrocknen.

**Tomaten** gehören unter keinen Umständen in den Kühlschrank. Dort verlieren sie nämlich schnell ihr gutes Aroma. Besser lagern sie bei Zimmertemperatur im Gemüsekorb. Dort haben sie auch noch Zeit, um nachzureifen, falls erforderlich.

**Zwiebeln und Knoblauch** mögen es trocken und luftig. Ideal sind spezielle Tontöpfe mit Löchern. Bitte nicht in den Kühlschrank legen. Dort kommt es ganz schnell zur Schimmelbildung. Alternativ können Sie Zwiebeln oder Knoblauch auch in einem Gemüsekörbchen aufbewahren.

**Kürbis** kann im Ganzen im kühlen, trocknen und dunklen Keller aufbewahrt werden. Frisch von der Ernte hält er sich manchmal bis ins Frühjahr.

**Salate** halten lediglich ein bis zwei Tage. Sie können Salate verzehrfähig zubereiten und dann in einer verschlossenen Plastiktüte im Gemüsefach ein paar Tage aufbewahren.

**Fertige Schnittsalate** haben ein Mindesthaltbarkeitsdatum und sind meist auch nicht länger haltbar. Diese vorgeschnittenen Salate sind sehr empfindlich, was Verderb angeht. Bitte immer vor dem Verzehr waschen und möglichst direkt nach Kauf verzehren.

**Avocado** bei Zimmertemperatur nicht länger als zwei bis drei Tage lagern. Sind sie noch unreif, dann gerne in der Nachbarschaft von Tomaten oder Äpfel, die das Reifegas Etyhlen abgeben. Reife Avodacos sind jedoch Einzelgänger, man kann sie in einer Zeitung einschlagen, damit sie frei von Fremdeindrücken sind.

**Brokkoli** ist oft in Plastikfolie eingepackt. Die Folie sollte man vor Lagerung im Kühlschrank entfernen, da es schnell zur Schimmelbildung unter der Folie kommt.

## Haltbar machen

Sehr **wasserhaltiges Gemüse, wie Gurke, Radieschen, Rettich, Salat** lässt sich nicht länger haltbar machen. Es muss dann in die Tonne, wenn Schimmel oder Fäulnis vorliegen.

Aus **Tomaten** kann man Tomatensuppe oder -sauce machen und diese einfrieren.

Gemüse wie **Blumenkohl, Brokkoli, Kohlrabi, Möhren** wird in gebrauchsfähige Stücke geschnitten und kurz in heißem Wasser blanchiert. Ab in den Gefrierbeutel, auskühlen lassen und einfrieren. Hält so sicherlich sechs Monate.

**Zucchini, Aubergine, Paprika** werden mundgerecht geschnitten und als Ofengemüse mit Olivenöl, Salz, Kräuter der Provence 30 Min. bei 200 °C geschmort. Das Ofengemüse kommt in ein Behältnis, das im Kühlschrank lagert, und wird abends zum Brot dazu gegessen. Neben dieser Lieblingskombi gehen auch viele andere Varianten.

Aus allen Gemüseresten lässt sich eine Minestrone »kunterbunt« kochen. Sie als Ganzes oder in Portionen einfrieren.

Keine Zeit? Für den Notfall: Geschnittenes Gemüse ohne weitere Zubereitung in Stücke geschnitten einfrieren.

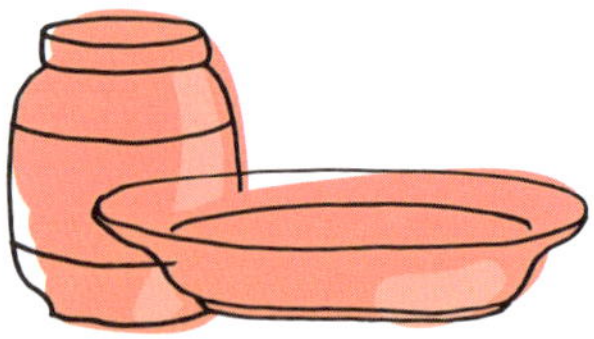

## NOCH GUT

- Harmlose Druckstellen, verwelkte Blätter am Gemüse oder eine ungewöhnliche Form sind kein Grund, Gemüse wegzuschmeißen.
- Unschöne Stellen einfach großzügig rausschneiden.

## MUSS WEG

- Schimmel- und Fäulnisstellen

# KARTOFFELN

## Generelle Haltbarkeit

Kartoffeln lassen sich wochen- oder sogar monatelang lagern. Kühl, frostfrei, dunkel und trocken sollte der Lagerraum im Keller oder Vorratsschrank sein.

## Was sagt das MHD aus?

Ein Mindesthaltbarkeitsdatum tragen auch abgepackte Kartoffeln nicht. Wichtig ist zu wissen, dass die Lagerung in Folienpackungen ungünstig ist, da sich darin leicht Feuchtigkeit und Schimmel bilden. Optimal sind Papier oder Jutesäcke, denn sie verhindern das Schrumpfen, Ergrünen und Verschimmeln von Kartoffeln.

**NOCH GUT**

- Leichte Runzeln
- Erste, kleine Keimlinge

**MUSS WEG**

- **Kartoffeln mit Keimlingen** von 1 cm Länge und mehr müssen weg.
- **Völlig grüne Kartoffeln** enthalten zu viel giftiges Solanin. Teils angegrünte Kartoffeln können großzügig vom Grün befreit werden.
- **Kartoffeln mit Fäulnis oder Schimmel müssen weg.**

## Richtig lagern

Die optimale Lagertemperatur für Kartoffeln liegt zwischen 4 °C und 6 °C. Es sollte trocken und vor allem dunkel sein, denn unter Lichteinfluss entstehen Solanin und Keimbildung. Bei diesen Lagerbedingungen, können sich Kartoffeln ungewaschen über Monate halten.
Wenn Kartoffeln unter 4 °C lagern, baut sich die Stärke in der Kartoffel zu Zucker ab. Die Kartoffeln bekommen einen unangenehm süßen Geschmack. Daher sollten Kartoffeln auch nicht im Kühlschrank lagern.

**GEWUSST?**

Frühkartoffeln sind keine echte Lagerware. Sie sollten innerhalb von zwei Wochen verbraucht werden.

## Haltbar machen: Einfrieren

Kartoffeln kochen oder braten oder anders weiterverarbeiten und anschließend einfrieren. Rohe Kartoffeln können nicht tiefgefroren werden, sie erhalten dadurch einen unangenehm süßen Geschmack.

## Resteverwertung

Mit anderen Gemüseresten zu einer schmackhaften Suppe kochen.

# PILZE

MUSS WEG

Wagen Sie bei frischen Pilzen keine Experimente! Sehen sie schmierig, glitschig oder auch schimmelig aus, dann weg damit.

## Generelle Haltbarkeit

Frische Pilze halten sich nur wenige Tage im Gemüsefach des Kühlschranks. Egal ob Zuchtpilze oder selbst gesammelte Pilze, sie sollten auf Küchenkrepp oder im Papierbeutel lagern. Unter Folie oder im verschlossenen Behältnis fangen sie an zu schwitzen und verderben schnell.

## Was sagt das MHD aus?

Getrocknete Pilze und Dosenpilze haben ein Mindesthaltbarkeitsdatum. Sicherlich kann man die Ware auch über das Datum hinaus verwenden, doch sollten die Pilze auf Aussehen, Geschmack und Geruch kritisch geprüft werden.

NOCH GUT

Pilze, in denen vielleicht mal eine Ameise kriecht und einige Holzstückchen oder Nadeln zu finden sind, wie z. B. bei Pfifferlingen, können am besten mit einem Backpinsel oder Küchenkrepp gereinigt werden.

GEWUSST?

Pilze niemals waschen! Sie saugen wie Schwämme das Wasser auf und verlieren so an Geschmack.

## Richtig lagern

Pilze im Gemüse- oder Chill-Fach des Kühlschranks locker lagern. Sie können dazu z.B. einen alten Schuhkarton zurechtschneiden und mit Küchenkrepp auslegen.

## Haltbar machen: Trocknen

Sie können z.B. selbst gesammelte Pilze in Scheiben schneiden, auf einen Faden fädeln und in einem dunklen, trockenen Raum trocknen lassen. Tiefgekühlte Pilze erleiden immer einen Geschmacksverlust. Wenn, müssen die Pilze auch vorher zubereitet sein, ansonsten kommt nur glitschige Pilzmasse aus dem Tiefkühlschrank.

## Resteverwertung

Zuchtpilze darf man wiedererwärmen. Pilze sollte man nicht warmhalten, sondern abkühlen und dann erneut erhitzen. Gerichte mit rohen Pilzen sollten Sie jedoch nicht aufbewahren.

# TOMATEN-WURZEL-SUPPE

### FÜR 2-4 PERSONEN

1 kleine Zwiebel
1 Möhre
1 Pastinake
400 g Tomaten
1/8 l Gemüsebrühe
1 EL Rapsöl
1/2 TL Thymian
schwarzer Pfeffer
Salz

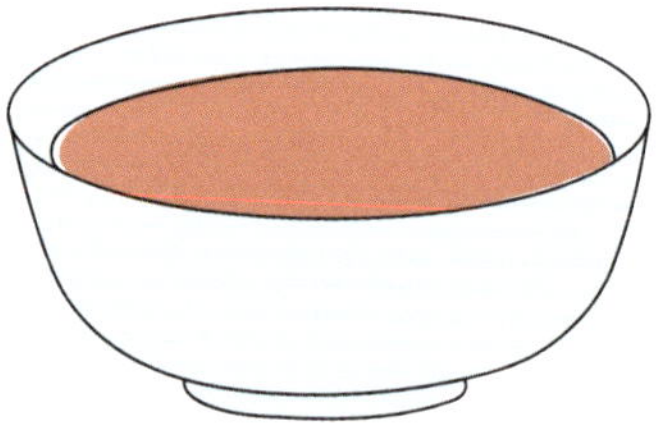

Zwiebel schälen und fein hacken. Möhre und Pastinake waschen, putzen und fein würfeln. Das Öl in einem Topf erhitzen, die Zwiebel- und Möhren- und Pastinakenwürfel darin andünsten. Die Tomaten waschen, Stielansatz entfernen und grob hacken. Zusammen mit der Brühe in den Topf geben. Mit Salz, Pfeffer und Thymian würzen, das Ganze zum Kochen bringen und etwa 15 Minuten köcheln lassen.

Die Suppe mit einem Pürierstab zu einer homogen Masse pürieren und mit den Gewürzen nochmals abschmecken.

**TIPP**

Wenn Sie noch einen Rest Sahne, Frischkäse oder Crème fraîche haben, dann rühren Sie ihn doch unter die Suppe.

**Varianten:**

Anstelle von Möhren und Pastinaken können Sie auch Kohlrabi, Blumenkohl, Petersilienwurzel oder rote Beete verwenden. Das schmeckt auch, nur ein bisschen anders!

# GEMÜSEOMELETTE

FÜR 2 PERSONEN

400 g gekochte Kartoffeln vom Vortag
70 g Zuckerschoten
1 rote Paprika
2 Frühlingszwiebeln
2 EL Butter
2 EL Olivenöl
4 Eier
schwarzer Pfeffer

**TIPP**

Dieses Gericht lässt sich auch mit Wurst- oder Schinkenresten, gewürfelt aufpeppen. Auch Käsereste können fein gerieben oder gewürfelt unter das Omelette gemengt werden.

Die Kartoffeln würfeln. Die Zuckerschoten waschen, putzen, fädeln und halbieren. Die Paprika waschen, putzen und würfeln.
Die Frühlingszwiebel putzen, waschen und in Ringe schneiden. Mit den Kartoffeln in der Butter andünsten und zugedeckt bei mittlerer Hitze 5 Minuten braten. Mit Salz und Pfeffer würzen. Zuckerschoten und Paprikawürfel hinzufügen. Öl dazugeben und salzen und pfeffern. Bei mittlerer Hitze etwa 15 Minuten braten. Den Backofen auf 200 °C (Umluft 180 °C, Gas Stufe 3) vorheizen.
Die Eier verschlagen und die Eimasse in die Pfanne gießen. Eine Minute stocken lassen, dann die Pfanne für 10 Minuten auf mittlerer Schiene in den Backofen schieben, bis die Eimasse gestockt ist.

Varianten:

Auch viele andere Gemüsesorten eignen sich: z. B. Spinat, Möhren, Lauch, Tomaten, Zucchini, Aubergine, Brokkoli, Blumenkohl, Kürbis etc.

# GEMÜSERESTE-SALAT

FÜR 4 PERSONEN

**200 g gegarter Blumenkohl (Rest vom Vortag)**
**250 g gegarter Brokkoli (Rest vom Vortag)**
**1 Fenchelknolle**
**200 g Möhren**
**2 EL Olivenöl**
**100 ml Gemüsebrühe**
**4 TL Kürbiskerne**
**4 EL Zitronensaft**
**4 EL Kürbiskernöl**
**Salz**
**schwarzer Pfeffer aus der Mühle**

Blumenkohl- und Brokkolireste in mundgerechte Röschen zerteilen. Den Fenchel putzen und in feine Streifen schneiden. Die Möhren waschen, putzen, schälen und ebenfalls in Scheiben schneiden.
Das Olivenöl in einer Pfanne erhitzen, die Fenchelstreifen und Möhrenscheiben darin anbraten.
Die Gemüsebrühe angießen und das Gemüse etwa 6–8 Minuten dünsten. Das Gemüse sollte nun bissfest sein.
Inzwischen die Kürbiskerne hacken und in einer Pfanne ohne Fett rösten. Das ganze Gemüse mit Zitronensaft und Kürbiskernöl mischen. Salzen und pfeffern und mit den Kürbiskernen bestreuen.

## TIPP

Sie haben noch Reste von Feldsalat, Babyspinat oder Rucola? Dann mischen Sie diese doch ebenfalls unter.

Varianten:

Stückige, gekochte Gemüsereste wie Kohlrabi, Möhren, Spargel, Pastinaken, Kürbis und auch Süßkartoffeln oder Kartoffeln können Sie problemlos mit anderen frischen Resten kombinieren.

# GEMÜSEWAFFELN

12 STÜCK

125 g Weizenvollkornmehl
125 g Weizenmehl Type 550
200 g Lauch
200 g Möhren
200 g Kohlrabi
2 Eier
250 ml Milch
etwas Mineralwasser
1 TL Salz
Pfeffer
Paprikapulver
Öl zum Einfetten

Die beiden Mehle mit den Eiern und Mich zu einem Teig verrühren. Lauch waschen, putzen und in sehr feine Streifen schneiden. Möhren und Kohlrabi waschen, putzen und auf einer Gemüseraspel raspeln, dann unter den Teig heben.
Eventuell etwas Mineralwasser dazugeben und zu einem zähflüssigen Teig verrühren. Mit Salz, Pfeffer und Paprikapulver würzen. Das Waffeleisen aufheizen, einfetten und die Waffeln backen.

Varianten:

Alles, was sich auf der Gemüseraspel raspeln lässt, ist für dieses Rezept geeignet. Den Lauch können Sie auch gegen 1–2 Zwiebeln austauschen.

TIPP

Haben Sie noch einen kleinen Rest an geriebenem Parmesan? Dann geben Sie ihn unter den Waffelteig.

# MILCH

## SOJAMILCH · MANDELMILCH · HAFERMILCH

### Generelle Haltbarkeit

Alle Milchsorten (egal ob Frisch-, H- oder laktosefreie Milch) gehören nach dem Öffnen in den Kühlschrank und sollten dann innerhalb von drei bis fünf Tagen verbraucht werden.

**MUSS WEG**

- **Die Milch flockt aus:** ESL-Milch flockt aus, wenn sie mit Hitze, z. B. in Kaffee, in Berührung kommt. Bakterien haben dann das Milcheiweiß zersetzt, die Milch schmeckt bitter und hat nichts mit gesunden Milchsäurebakterien zu tun – also weg damit! Gleiches gilt für H-Milch – flockt sie aus, gehört sie in den Ausguss.
- **Faule oder schimmelige Milch muss weg** – das passiert allerdings nur, wenn sie schon lange offen ist und nicht kühl gelagert wurde.

### Was sagt das MHD aus?

**ESL-Milch (pasteurisierte Milch)** steht im Kühlregal und gehört in den Kühlschrank. Im Winter hält diese Milch meist ein paar Tage länger als das Mindesthaltbarkeitsdatum, im Sommer ist dieses Datum meist auch der Endpunkt des Verzehrs.

**H-Milch (ultrahocherhitzt)** hält sich bei Zimmertemperatur und solange sie nicht geöffnet ist, auch weit über das Mindesthaltbarkeitsdatum. Im Zweifel die Packung öffnen und probieren, und nicht einfach ungeöffnet wegwerfen.

## Richtig lagern

Die Haltbarkeit der verschiedenen Trinkmilchsorten ist abhängig von der jeweiligen Wärmebehandlung:

- **Vorzugsmilch** ist unbehandelte Rohmilch von zur Vermarktung zugelassenen Bauernhöfen. Sie ist nur sehr kurz haltbar und sollte innerhalb von zwei bis drei Tagen verbraucht werden.
- **Frischmilch bzw. ESL-Milch** hat schon ganze andere Lagerzeiten von bis zu drei Wochen.
- **H-Milch** ist nahezu keimfrei, sie kann ungeöffnet bei Zimmertemperatur aufbewahrt werden.

### GEWUSST?

Sojamilch, Mandelmilch und Co. sind alle sterilisiert und daher lange über das MHD hinaus haltbar. Nach Öffnen der Packung muss diese in den Kühlschrank, damit es nicht zur Schimmelbildung kommt. Sauer werden diese Drinks zwar nicht, jedoch werden sie nach einer Weile ungenießbar.

## Resteverwertung

Aus Milch, die dringend weg muss, kann man z.B. einen Pudding kochen, denn durch das Erhitzen der Milch, hält sie sich im Pudding länger.

### NOCH GUT

- Bei normalem Geruch und Geschmack.

*Eine leicht aufgeblähte Milchpackung im Sommer bedeutet übrigens nicht, dass die Milch darin verdorben ist. Hier war die Kühlkette vermutlich nicht normal und die Milch wurde zwischenzeitlich warm. In diesem Fall bitte die Milch öffnen und probieren. Ist der Geschmack einwandfrei, dann diese Milchpackung zuerst leeren.*

## Haltbar machen

Milch kann man einfrieren. Nach dem Auftauen schmeckt die Milch zwar nicht mehr so richtig frisch, aber für das Kochen eines Kakaos oder die Herstellung einer Mixmilch ist die Qualität der Milch noch wunderbar. Beim Auftauen von Joghurt, saurer Sahne und Schmand flockt das Eiweiß eventuell aus. Die grießigen Produkte kann man aber durchaus noch verwenden.

# JOGHURT • DICKMILCH KEFIR • SAHNE CRÈME FRAÎCHE

**GEWUSST?**

Bei Schimmel bitte komplett wegschmeißen und nicht nur großzügig die schimmelige Stelle entfernen.

## Generelle Haltbarkeit

Die Haltbarkeit von Joghurt, Buttermilch, Dickmilch, Sahne, Crème fraîche und Kefir ist dann gewährleistet, wenn diese Produkte im Kühlschrank aufbewahrt werden.

## Was sagt das MHD aus?

Joghurt und andere Sauermilchprodukte gehören in den Kühlschrank und sind ungeöffnet mindestens bis zum angegebenen Mindesthaltbarkeitsdatum genießbar. Auch darüber hinaus hält sich der Joghurt oder die Buttermilch ohne weiteres bis zu zwei Monate genussfähig.

## Richtig lagern

Solange die Produkte noch geschlossen sind, können sie in der Tür oder auch auf der obersten Fläche im Kühlschrank stehen. Geöffnet sollte man die Produkte wieder verschließen oder umfüllen in verschließbare Dosen, damit sie nicht den Geruch des Kühlschranks annehmen.

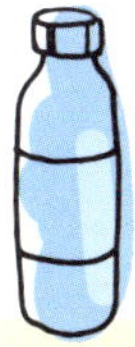

**NOCH GUT**

Auch wenn sich schon viel Wasser auf einem stichfesten Milchprodukt abgesetzt hat, ist das Produkt selbst noch gut. Wasser unterrühren oder abgießen.

## Haltbar machen: Einfrieren

Milchprodukte lassen sich auch bis zu drei Monate einfrieren. Nach dem Auftauen haben sie an der Konsistenz etwas eingebüßt, aber zum Unterrühren sind sie noch perfekt.

## Resteverwertung

Ein schnell gerührtes Joghurtdressing für den Salat oder ein Dip mit Joghurt aufs Brot. Milchprodukte lassen sich kreativ einsetzen. Unter die gebundene Suppe oder das Gulasch, aber nur im lauwarmen Zustand der Suppe oder des Gulaschs. Fetthaltigen Produkten wie Sahne und Crème fraîche macht die Hitze nichts.

**MUSS WEG**

- Schimmel (kommt vor, wenn der Becher nicht ganz geschlossen war)
- Komischer Geruch
- Unangenehmer, säuerlicher Geschmack

# BUTTER

## BUTTERSCHMALZ
## MARGARINE

### Butter

**Haltbarkeit und MHD:**
Butter ist ein sehr empfindliches Produkt und gehört zur optimalen Lagerung in den Kühlschrank. Aufgrund der vielen kurz- und mittelkettigen Fettsäuren ist es auch relativ schnell nach Ablauf des Mindesthaltbarkeitsdatums ranzig.

**NOCH GUT?**

Ob die Butter ranzig ist, riecht und schmeckt man sofort, daher geht selten eine gesundheitliche Gefahr von überlagerter Butter aus.
Wie schnell Butter ranzig wird, hängt auch ein bisschen von der Jahreszeit ab. In heißen Sommern passiert das eher als in den Wintermonaten.

### Butterschmalz

**Haltbarkeit und MHD:**
Butterschmalz entsteht durch das Erhitzen von Butter. Wasser, Milcheiweiß und Laktose werden dabei vollständig entfernt. Dadurch ist Butterschmalz mit seinem geringen Wassergehalt wesentlich länger haltbar als Butter. Bei Kühlschrank-Temperaturen hält es bis zu 15 Monate und überschreitet somit sein Mindesthaltbarkeitsdatum deutlich.

**NOCH GUT?**

Sobald das Butterschmalz ranzig ist, muss es leider in den Müll. Dies riecht und schmeckt man aber schnell.

## Margarine

**Haltbarkeit und MHD:**
Margarine ist eine Wasser-in-Öl-Emulsion. Aufbewahrt wird sie im Kühlschrank, wo sie sich ungeöffnet auch noch zwei bis drei Monate über dem Mindesthaltbarkeitsdatum hält. Geöffnet sollte sie innerhalb von sechs Wochen aufgebraucht werden.

**NOCH GUT?**

Das Produkt ist noch gut, solange es kein Anzeichen von Verderb, wie Verfärbungen, schlechter Geruch oder gar Schimmel aufweist.

## Haltbar machen: Einfrieren

Margarine und Butter lassen sich auch problemlos bis zu neun Monate einfrieren und haben danach noch ihren vollen Geschmack.

# KÄSE

## Generelle Haltbarkeit

Jeder Käse ist anders. In der Regel mögen sie es luftig und feucht, jedoch nicht zu kalt. Käse sollte deshalb wie die anderen Milchprodukte im mittleren Fach des Kühlschranks lagern. Dort herrscht die optimale Temperatur.

## Was sagt das MHD aus?

Ist der Käse noch original verpackt, hält er je nach Sorte mehr als sechs Wochen über das Mindesthaltbarkeitsdatum hinaus.

### NOCH GUT

- Wird Hartkäse leicht weiß oder hat er Flecken bekommen, handelt es sich meist nur um Salz oder Eiweiß, das durch Temperaturunterschiede kristallisiert. Der Käse ist völlig in Ordnung, aus optischen Gründen kann eine Scheibe abgeschnitten und weggeworfen werden.
- Schimmel, der etwa durch Edelpilzkäse auf anderen Käse übertragen wurde, lässt sich großzügig abschneiden. Je länger ein Käse reift, wie z. B. Parmesan, Appenzeller oder Greyerzer, desto weniger anfällig ist er für Schimmel. Da diese Käsesorten kaum Wasser enthalten, schimmeln sie weniger schnell durch. Ein Schimmelfleck auf der Rinde kann großzügig weggeschnitten werden.

## Richtig lagern

Ganze Käsestücke können bis zu drei Wochen im Kühlschrank aufbewahrt werden. Damit sich Gerüche nicht vermischen und Edelschimmel nicht auf Hartkäse übergreift, verpacken Sie am besten jeden Käse separat: Entweder in Butterbrotpapier oder in Alufolie, in die zuvor kleine Löcher gepiekt wurden, damit der Käse »atmen« kann und nicht »schwitzt«. Nach dem Öffnen der Packung sollten Käsescheiben oder auch Frischkäse innerhalb einer Woche verzehrt werden. Schnittkäse trocknet bei geöffneter Verpackung schnell aus und verliert sein Aroma, daher bitte immer gut verschlossen lagern.

### MUSS WEG

- schimmelige Stellen auf Käse oder an Rinde, mit Ausnahme von Schimmelkäse
- modriger oder stechenden Geruch bei Frischkäse, Mozzarella oder jungem Käse wie Gouda oder Butterkäse

### GEWUSST?

Damit Hart- und Schnittkäse saftig und lecker bleibt, schlagen Sie ihn in ein sauberes Geschirrtuch ein, das zuvor in Salzwasser getränkt und gut ausgewrungen wurde. Das Tuch möglichst alle zwei Tage tauschen.

## Haltbar machen: Einfrieren

Käse lässt sich einfrieren. Allerdings verändert Hart- und Schnittkäse seine Konsistenz, wird bröselig und lässt sich schlecht zu Scheiben aufschneiden. Zum Gratinieren ist er aber noch wunderbar. Daher sollte man ihn vor dem Einfrieren reiben und in Portionen wie zum Überbacken benötig einfrieren. Frischkäse, Quark oder Schichtkäse, Weichkäse, Edelpilzkäse, Mozzarella, Harzer, Provolone und Co. lassen sich wunderbar in der Originalverpackung einfrieren. Nach dem Auftauen das Wasser von den Eiskristallen mit einem Küchenkrepp wegwischen und der Käse ist fast so gut wie frisch gekauft.

## Resteverwertung

Mit etwas Frischkäse lassen sich Suppen und Saucen verfeinern.

Hart- und Schnittkäsereste raspeln und zum Überbacken verwenden. Sie können ihn einfach bei geschlossener Pfanne schmelzen lassen.

# FLEISCH

## MUSS WEG

- alles über dem Verbrauchsdatum muss weg
- Produkte, die auch vor Ablauf des Verbrauchsdatums komisch riechen oder aussehen

## Generelle Haltbarkeit / Was sagt das MHD aus?

Weil rohes Fleisch, Hackfleisch und Geflügel sehr schnell verdirbt, hat es kein Mindesthaltbarkeitsdatum, sondern ein Verbrauchsdatum. Auf der Packung steht »zu verbrauchen bis ...«. Nach dessen Ablauf sollte das Fleisch auch nicht mehr gegessen werden.
Dieses Datum sollte in jedem Fall ernst genommen werden. Denn nach Ablauf kann das Fleisch gefährliche Keime enthalten, die Sie weder sehen noch riechen können.

### GEWUSST?

Frisches Hackfleisch, unverpackt, darf nur am Tag der Herstellung verkauft werden und sollte am besten auch direkt verwendet werden. In Hackfleisch wachsen relativ leicht Bakterien, die beim Menschen zu Erkrankungen führen können, dazu zählen **Escherichia coli, Salmonellen und Listerien**.

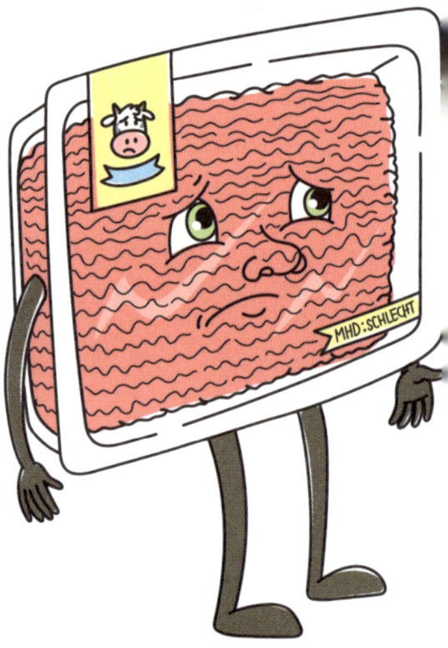

## Richtig lagern

Frischfleisch, das direkt an der Fleischtheke gekauft wird, sollte man Zuhause auspacken, in Plastikbehältnisse geben und über dem Gemüsefach im Kühlschrank oder Chill-Fach lagern. Bei 4 °C und darunter hält sich Rindfleisch drei bis vier Tage, Kalb- und Schweinefleisch sollten innerhalb von zwei bis drei Tagen zubereitet werden.
Ist das Fleisch am Stück, so kann es im Kühlschrank maximal bis zu einer Woche aufbewahrt werden.
Je stärker ein Fleisch aufgeschnitten oder gar gehackt ist, desto größer wird auch die Angriffsfläche für Mikroorganismen, und damit verkürzt sich auch die Haltbarkeit.
Als Faustregel für Hackfleisch gilt auch im Kühlschrank nur maximal 10 Stunden aufbewahren und schnell verarbeiten.
Frikadellen, die bereits gebraten sind, können richtig verpackt (z. B. in Frischhaltefolie) zwei Tage im Kühlschrank aufbewahrt werden. Also lieber gleich Frikadellen braten!
Der bei der Lagerung austretende Saft sollte bei der Zubereitung des Fleisches nicht verwendet werden!

**NOCH GUT**

Fleisch, Hack und Geflügel, die genau am Tag des Verbrauchsdatums zubereitet werden, sollten wirklich gut durchgebraten werden. Sicher ist sicher.

## Haltbar machen: Einfrieren

Fleisch, egal, ob Brathähnchen im Ganzen oder kleine Mengen Hackfleisch oder ein Steak, lässt sich problemlos einfrieren. Bitte immer sauber und sachgerecht verpackt in den Tiefkühlschrank geben. Hackfleisch sollte nicht länger als drei Monate tiefgekühlt werden, geschnittenes Fleisch hält es ein halbes Jahr problemlos aus und Fleisch in großen Stücken kann auch ein Jahr unbeschadet in der Gefriertruhe liegen.

# WURST UND FLEISCHWAREN

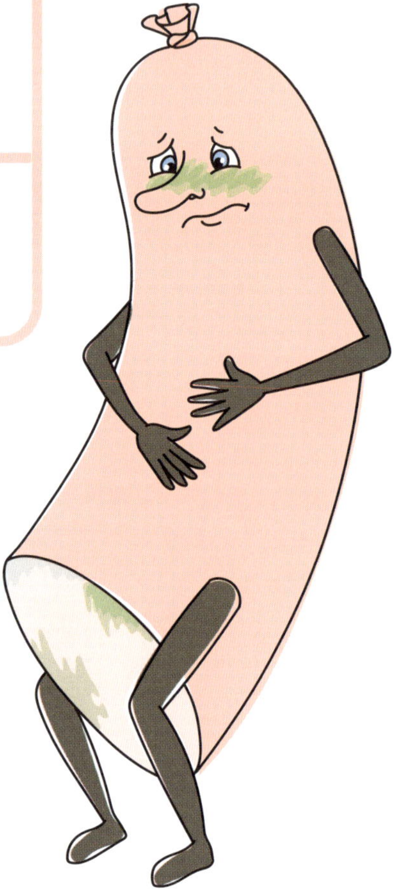

## Generelle Haltbarkeit

Wurstaufschnitt zählt zu den leicht verderblichen Lebensmitteln und ist daher als lose Ware auch bei Lagerung im Kühlschrank nur wenige Tage haltbar.

## Was sagt das MHD aus?

Solange Wurst und Aufschnitt noch verpackt sind und gekühlt gelagert werden, gilt das Mindesthaltbarkeitsdatum als Richtwert. Hier sollte man nicht lange überlegen, ob das Produkt darüber hinaus noch gut ist. Eine aufgeschnittene Brühwurst oder auch Leberwurst muss leider in die Tonne. Bei ganzen Würsten, Salami oder geräucherten Schinken kann man vielleicht noch mal zwei bis drei Tage dazugeben, aber viel länger auch nicht.

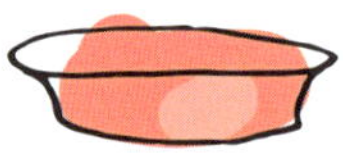

## Richtig lagern

**Frische Brüh- und Fleischwürste, Bierschinken, Mortadella** und ähnliches in eine dicht schließende Verpackung umfüllen und im untersten Fach des Kühlschranks aufbewahren. Sie sollten innerhalb von ein bis drei Tagen aufgebraucht werden, **Salami** hält sich bis zu fünf Tage.
**Schinken am Stück wie Schwarzwälder Schinken oder Serrano** hält sich in einem Geschirrtuch eingeschlagen wochenlang im Kühlschrank. **Geschnittener Schinken** hält in der Regel gut verpackt bis zu zehn Tage.
Diese Angaben sind jedoch lediglich als Richtwert zu verstehen. Vor dem Verzehr sollten Sie stets Aussehen und Geruch der Wurst überprüfen.

### MUSS WEG

- ranziger Geruch
- grünliche/gräuliche Färbung, z.B. bei Bier-, Kochschinken und feiner Schinkenwurst
- schmierige Oberfläche, eingetrocknete Ränder

### GEWUSST?

Holen Sie immer nur die benötigte Menge an Aufschnitt aus dem Kühlschrank. Steht der Aufschnitt längere Zeit auf dem Esstisch in der Wärme, beschleunigt das den Verderb. Für den Transport empfiehlt sich daher an heißen Sommertagen eine Kühltasche.

### NOCH GUT

Frisch abgelaufene ganze Würste, Salami oder geräucherter Schinken, die noch gut riechen und aussehen

## Haltbar machen: Einfrieren

Wurstwaren kann man tieffrieren, doch nicht lange. Spätestens nach zwei bis drei Wochen sollten Sie die Ware rausnehmen und da sie qualitativ an Geschmack nachlassen, am besten würfeln oder in Streifen schneiden und unter einen Gemüseauflauf oder eine Gemüsepfanne mischen.

# FISCH UND MEERESFRÜCHTE

## Generelle Haltbarkeit

**Frischfisch** sollte idealerweise am Tag des Einkaufs noch verzehrt werden. Eine kurzzeitige Lagerung bei 2–4 °C ist jedoch möglich.

Ein vakuumierter, frischer Fisch ist zwei bis drei Tage im Kühlschrank haltbar.

**Tiefgekühlter Fisch** kann bei einer Lagertemperatur von mindestens -18 °C für mehrere Monate gelagert werden.

**Geräucherter Fisch** ist in Abhängigkeit des Räucherverfahrens bei einer Temperatur von 2–7 °C bis zu acht Tage haltbar. Heilbutt, Sardinen, Hering und Makrele, die heiß geräuchert werden, halten länger als Räucherlachs, der kalt geräuchert wird. Stremellachs ist auch heiß geräuchert und hält daher länger als der beliebte Räucherlachs.

## Was sagt das MHD aus?

Räucherlachs und Frischfisch sowie Muscheln und Krustentiere haben kein Mindesthaltbarkeitsdatum, sondern ein Verbrauchsdatum, nach dessen Ablauf es gefährlich sein kann, diese Lebensmittel noch zu verspeisen.

**NOCH GUT**

- ★ Keine Kompromisse bei Fisch und Meeresfrüchten. Nach Ablauf des Verbrauchsdatums müssen sie leider in die Tonne.

**MUSS WEG**

- Verbrauchsdatum abgelaufen
- Aufgeblähte Verpackung, dies kann ein Anzeichen für eine hohe Keimbelastung sein

## Richtig lagern

Nehmen Sie den frischen Fisch aus seiner Verpackung und bewahren Sie ihn, zugedeckt mit Frischefolie, in einem Behältnis im unteren Fach des Kühlschranks auf. Auch zubereiteter Fisch ist empfindlich. Er sollte im Kühlschrank verschlossen lagern und am nächsten Tag verzehrt werden.

**GEWUSST?**

Miesmuscheln, deren Schalen geöffnet sind, bitte vor dem Kochen aussortieren. Ihr Fleisch ist nicht mehr gut. Nach dem Kochen der Miesmuscheln ist es umgekehrt. Die geschlossenen Miesmuscheln kann man nicht essen.

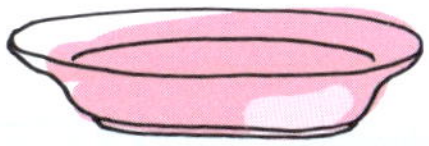

## Haltbar machen: Einfrieren

Fisch und Meeresfrüchte können eingefroren werden, dafür geben Sie die Ware in einen Tiefkühlbeutel. Um sie möglichst schonend aufzutauen, lagert man sie 24 Stunden vor der Zubereitung in einem abgedeckten Gefäß im Kühlschrank.

# KRÄUTER-LACHS-TASCHEN

6 STÜCK

1/2 Päckchen TK-Blätterteig (225 g)
1 Ei
150 g Stremellachs
2 EL geriebener Parmesan
2 EL fein gehackte Petersilie
2 EL Schnittlauch
½ TL Thymian

Blätterteig auftauen lassen, dabei die Rechtecke einzeln legen, zu Quadraten teilen und leicht ausrollen. Ei trennen und die Teigränder mit Eiweiß bestreichen. Stremellachs zerpflücken und die Kräuter sowie den Parmesan unterheben. Fischmasse auf den Teigvierecken verteilen. Teigvierecke zu Dreiecken zusammenklappen. Naht mit einer Gabel fest andrücken und die Oberseiten der Teigtaschen mit Eigelb bestreichen. Auf ein Backblech mit Backpapier setzen und im auf 200 °C vorge-heizten Ofen etwa 25 Minuten backen.
Das Gericht ist ca. ein bis zwei Tage im Kühlschrank haltbar

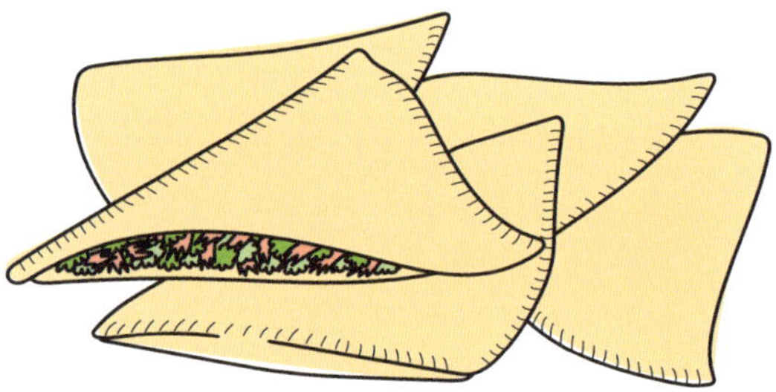

Varianten:

Anstelle von Stremellachs können sie Reste von gegarten Fisch oder auch jeden anderen Räucherfisch verwenden. Außerdem können Sie anstelle von Fisch auch 150–200 g durchgegartes Hackfleisch oder auch Gulaschreste verwenden.

# BUNTE QUICHE

FÜR 12 STÜCKE

200 g Weizenmehl
150 g Butter
1 Prise Salz
200-400 g Gemüse
(z.B. Möhrenerbsengemüse, Lauch, Paprikaschoten, Zucchini, Aubergine)
100 g Kabeljau
1 Zwiebel
2 Knoblauchzehen
3 Eier
200 g Crème fraîche
schwarzer Pfeffer
Salz
4 EL frische Kräuter oder tiefgekühlte Kräuter
Olivenöl

Den Backofen auf 200 °C vorheizen. Das Mehl in eine Schüssel sieben. Butter in kleinen Stücken über das Mehl verteilen. Dann mit den Händen einen geschmeidigen Teig daraus kneten, gegebenenfalls etwas Wasser zufügen. Eine Quicheform mit ca. 26 cm Durchmesser einfetten und den Teig mit dem Nudelholz so groß ausrollen, dass er am Rand der Springform hoch liegt.
Gegartes Gemüse können Sie direkt verwenden, frisches Gemüse in mundgerechte Stücke schneiden und mit gehackter Zwiebel und Knoblauch in etwas Olivenöl weich dünsten. Mit Salz und Pfeffer sowie Lieblingsgewürzen abschmecken.
Den Kabeljau in einer Pfanne durchbraten und mit einer Gabel zerpflücken. Die Gemüsemasse und den Fisch auf den Quicheboden verteilen. Eier mit Crème fraîche verschlagen, salzen und pfeffern und darauf verteilen. Die Quiche 30-40 Minuten auf mittlere Schiene backen.

## Varianten:

Anstelle von Fisch sind auch gebratenes Hackfleisch, Wurstreste, Schinken und gewürfelter Speck sehr lecker in einer Quiche.

# EIER

## Generelle Haltbarkeit

Eier besitzen eine natürliche Schutzschicht, die sogenannte Cuticula, die sie nach dem Legen 18 Tage lang haltbar macht. Das Mindesthaltbarkeitsdatum von Eiern ist 28 Tage, nachdem das Huhn das Ei gelegt hat.

**MUSS WEG**

Faulig penetranter Geruch

## Was sagt das MHD aus?

Eier halten sich lange über das Mindesthaltbarkeitsdatum. Allerdings sollte man Eier, die das MHD überschritten haben, nur noch in durchgegarten Speisen nutzen.

## GEWUSST?

Der Frischetest: Sie geben ein Ei in ein großes Glas Wasser. Ein frisches Ei hat eine kleine Luftkammer und bleibt daher am Boden liegen. Je älter das Ei ist, desto größer ist die Luftkammer. Das Ei richtet sich auf und steigt an.

## NOCH GUT

Eier mit beschädigter Schale sofort verwenden und auch nur in durcherhitzten Speisen.

## Richtig lagern

Obwohl die Eierkartons im Supermarkt meist ungekühlt im Regal stehen, sollten Eier als Schutz vor Salmonellen im Kühlschrank lagern. Sie können dort an der vorgesehenen Stelle in der Kühlschranktür gelagert werden. Eier nehmen gerne Gerüche an, also nicht neben einem stinkenden Käse lagern.

Gekochte Eier gehören ebenfalls in den Kühlschrank und sind gekocht dann ein bis zwei Wochen haltbar. Die industriell gefärbten »Ostereier« halten länger, aber lagern auch am besten im Kühlschrank.

## Haltbar machen: Einfrieren

Auch Eier können eingefroren werden – dazu die Eier aufschlagen und verquirlen oder alternativ Eiweiß und Eigelb getrennt einfrieren. Tiefgefroren sind die Eier dann ca. zehn Monate haltbar.

# NUDELN

## UND ANDERE TEIGWAREN

GEWUSST?

Gekochte Nudeln können ca. drei Tage lang aufgehoben werden. Dazu auskühlen lassen, in ein verschließbares Behältnis geben und im Kühlschrank lagern.

### Generelle Haltbarkeit

Die meist verkaufte Nudel besteht zu 99,9 Prozent aus Weizengrieß und ist theoretisch unbegrenzt haltbar. Frische Nudeln aus dem Supermarkt hingegen lagern im Kühlregal und sind begrenzt haltbar.

### Was sagt das MHD aus?

Nudeln mit Ei-Anteil haben eine Haltbarkeit von etwa zwei Jahren. Nudeln ohne Ei, also nur mit Hartweizengrieß, halten sich theoretisch unbegrenzt lange. Zwei Jahre schreibt der Gesetzgeber als Mindesthaltbarkeitsdatum vor, solange sie aber nicht schimmeln oder von Mehlmotten befallen sind, kann man sie eigentlich unbegrenzt lange essen.

Aufgrund der hohen Menge an Lebensmitteln, die jedes Jahr weggeworfen werden, wird innerhalb der EU-Entscheidungsgremien diskutiert, ob man das Mindesthaltbarkeitsdatum von getrockneten Nudeln komplett abschaffen sollte.

Bei **frischen Nudeln** kommt es hingegen auf die Sorte an. Spätzle und Maultaschen mit Fleischfüllungen sollte man nicht zu lange über das Mindesthaltbarkeitsdatum aufbewahren. Gnocchi und vegetarische Tortellini sind unempfindlicher.

## Richtig lagern

Nudeln als Trockenprodukt verschlossen und trocken lagern. Frische Nudeln müssen auf jeden Fall im Kühlschrank aufbewahrt werden.

**MUSS WEG**

- Mehlmottenbefall
- Schimmel
- Frische Nudeln, die eigenartig riechen
- Frische Nudeln, die glitschig, schimmelig und farblos sind

## Haltbar machen: Einfrieren

Frische Nudeln lassen sich einfrieren. Je nach Sorte klappt das unterschiedlich gut. Gnocchi und Maultaschen, die sehr kompakt sind, macht das Einfrieren nichts. Bei Tortellini oder Spätzle ist die Brüchigkeit größer.

**NOCH GUT**

Nudeln, die keine der genannten Anzeichen von Verderb zeigen

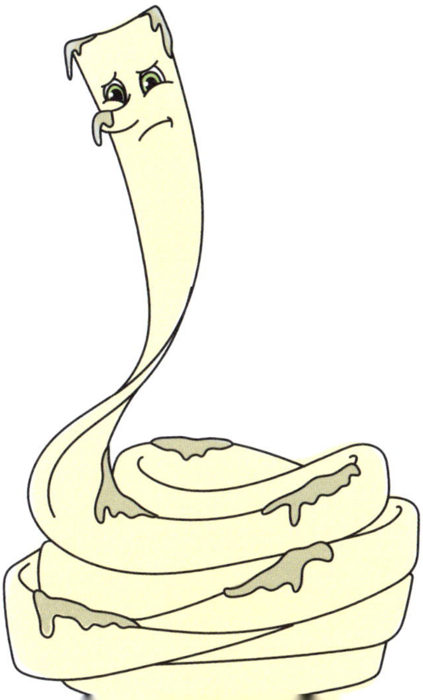

## Resteverwertung

Nudelreste jeglicher Art vom Mittag lassen sich abends in der Pfanne aufbraten. Unbegrenzte Variationen gibt es: Spaghetti in wenig Olivenöl, Knoblauch, Chili und italienischer Kräuter, Maultaschen in Streifen geschnitten in wenig Rapsöl mit Speck, Zwiebel und Gemüseresten vom Mittag, Spätzle in Butter mit Schinken und Käse.

# REIS, BULGUR, COUSCOUS UND QUINOA

## Generelle Haltbarkeit

Reis, Hirse, Buchweizen, Amaranth und Quinoa, aber auch Couscous und Bulgur halten jahrelang, wenn sie trocken, luftdicht verpackt, dunkel und bei niedrigen Zimmertemperaturen gelagert werden. Als ganzes Korn sind sie länger haltbar als aus ihr hergestellte Flocken und Mehle.

## Was sagt das MHD aus?

Bei richtiger Lagerung kann das Mindesthaltbarkeitsdatum deutlich überschritten werden. Viele Produkte sind noch zwei Jahre nach dem Mindesthaltbarkeitsdatum völlig in Ordnung.

**NOCH GUT**

Wenn Sie eine Packung Reis, Buchweizen und Co. lange in der Ecke eines Vorratsschrankes übersehen haben, muss sie – auch wenn schon geöffnet – nicht automatisch in die Mülltonne. Lassen Sie das Produkt in eine Schale rieseln: ist es optisch einwandfrei und riecht auch nicht modrig, ranzig oder schimmelig, können Sie es noch verwenden.

## Richtig lagern

Reis, Buchweizen und Co. aus der Originalverpackung in ein luftdichtes Gefäß umschütten (das Produkt muss trocken bleiben) und dunkel im Vorratsschrank bei durchschnittlich 15–20 °C aufbewahren.

**MUSS WEG**

- **Schimmelbefall** (kommt bei zu viel Feuchtigkeit im Produkt vor)
- **Schädlingsbefall** wie Motten, Käfer und ihre Ausscheidungssekrete

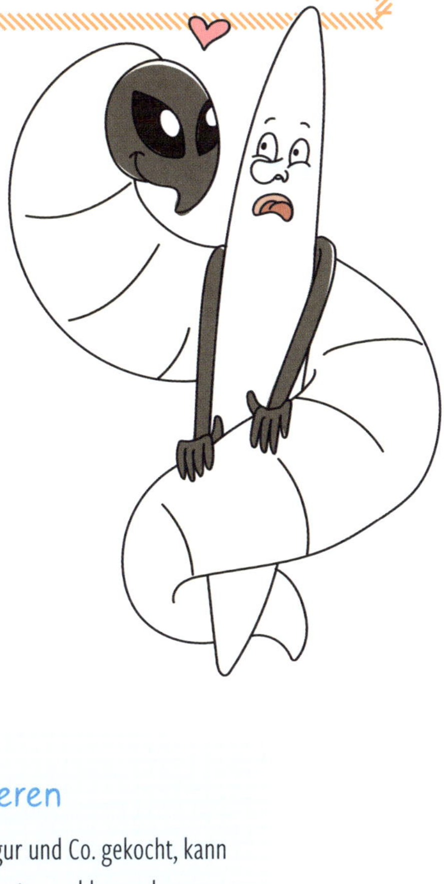

**GEWUSST?**

Vollkornreis wird schneller ranzig als geschälter oder Parboiled-Reis. Ursache ist der im Vollkornreis vorhandene Keimling mit seiner kleinen Fettreserve. Diese wird etwa ein Jahr nach Überschreiten des Mindesthaltbarkeitsdatums ranzig.

## Haltbar machen: Einfrieren

Hat man deutlich zu viel Reis, Hirse, Bulgur und Co. gekocht, kann man diese Reste einfrieren. Sauber und gut verschlossen lassen sie sich aber auch bis zu drei Tage im Kühlschrank aufbewahren.

# BROT

## KNÄCKEBROT
## ZWIEBACK

**GEWUSST?**

Einmal in der Woche sollte der Brotkasten mit Essig oder Essigessenz ausgewischt werden, um potentiellen Schimmelsporen den Kampf anzusagen. Denn alte Brotkrumen im Brotkasten können ein Nährboden für Bakterien und Keime sein.

### Generelle Haltbarkeit

Brot schmeckt frisch am besten, aber mit der richtigen Lagerung ist es auch nach Tagen noch lecker. Während Sauerteig bis zu einer Woche hält, kann Weizenbrot mit Hefe schon nach zwei bis drei Tagen verdorben sein. Denn je mehr Sauerteig im Brot enthalten ist, desto länger bleibt es frisch.

### Wie lange hält welches Brot?

| | |
|---|---|
| Weizenbrote | bis zu 2 Tage |
| Weizenmischbrote | 2–4 Tage |
| Roggenmischbrote | bis zu 3 Tage |
| Roggenbrote | 4–6 Tage |
| Schrot- und Vollkornbrote | 7–9 Tage |
| Knäckebrot | mehrere Monate |
| Zwieback | mehrere Monate |

**NOCH GUT**

Trockenes und hartes Brot kann man durchaus noch essen. Es hat nur Wasser verloren. Sie können den Brotlaib an der Schnittstelle mit Wasser immer wieder befeuchten und so durchfeuchten lassen. Je nach Größe des Brotes backen Sie es bei 200 °C 10–25 Minuten auf.

## Was sagt das MHD aus?

**Abgepacktes Brot** hat ein Mindesthaltbarkeitsdatum und hält im Vergleich zu unverpacktem Brot beim Bäcker sehr lange. Den verpackten Broten sind in der Regel der Zusatzstoff E471 (Mono- und Diglyceride) beigefügt, künstliche Enzyme, die Wasser binden. Übrigens: Der Verzehr dieses Zusatzstoffes ist gesundheitlich unbedenklich. Glyceride in Form von Triglyceride essen wir täglich in großen Mengen mit den Nahrungsfetten.
**Knäckebrot und Zwieback** halten sich je nach Sorte ungeöffnet weit über ihr Mindesthaltbarkeitsdatum.

**MUSS WEG**

Bei Schimmelbefall muss das ganze Brot weg. Denn auch wenn wir nur eine schimmlige Stelle sehen, ziehen sich die Schimmelsporen durch den ganzen Laib.

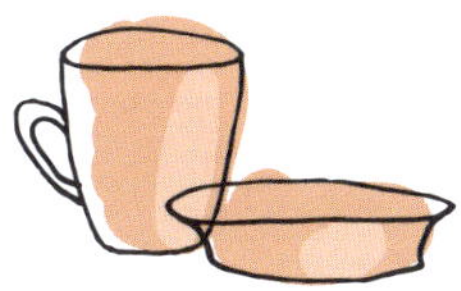

## Richtig lagern

Raumtemperatur ist zur Brotlagerung perfekt. Brot sollte immer auf der Schnittkante lagern. Die Kruste schützt das Innere des Brotes, eine offene Schnittkante ist wie ein Verletzung, daher muss sie abgedeckt sein. So bleibt das Innere schön saftig. Steingutbehälter verhindern Schimmel und halten Brot frisch. Seine offenen Poren nehmen überschüssige Feuchtigkeit auf und transportieren sie vom Brot weg – bei Bedarf aber auch wieder zum Brot zurück. Dieser optimale Feuchtigkeitsaustausch sorgt dafür, dass das Brot frisch bleibt und sich kein Schimmel bildet. Doch auch Brotkästen, die nicht luftdicht abschließen und eine Luftzirkulation zulassen, erfüllen ihren Zweck.

Wer nicht weiß, wohin mit seinem Brot, kann es auch im kalten Backofen lagern. Das Brot hat Zimmertemperatur, wird gut belüftet, wenn Sie es morgens und abends herausholen und trocknet nicht aus. Brot und Brötchen lagert man nur an heißen, schwülen Sommertag ausnahmsweise im Kühlschrank. Bei 0 °C–7 °C verliert Brot schnell an Feuchtigkeit. Die Folge: Das frisch gekühlte Brot schmeckt schnell trocken und altbacken.

Ist die Packung geöffnet, dann mögen **Zwieback und Knäckebrot** es vor allem trocken, aber auch dunkel und nicht zu heiß. Bewahren Sie diese Produkte möglichst sortenrein in einer Blechdose auf. Sie mögen nicht unbedingt die Gesellschaft von frischem Brot, denn das gibt Feuchtigkeit ab. Der Kühlschrank ist auch nicht der richtige Ort für die Knäckebrotdose. Durch das Rein und Raus der Dose kühlt die Temperatur in der Dose im Kühlschrank runter und es gibt Kondenswasser, was weder der Zwieback noch das Knäckebrot mag.

**Pumpernickel** ist lange haltbar und ist, neben Toastbrot, das einzige Brot, das man im Kühlschrank lagern kann. Es hat durch sein langes Backverfahren bei niedrigen Temperaturen keine Kruste und ist sehr feucht. Ist die Verpackung des Pumpernickels geöffnet, dann mag dieses Brot den Kühlschrank. Gut verpackt in Folie oder in einer Dose können Sie es noch Wochen lagern und genießen.

## Haltbar machen: Einfrieren

Wer sein frisches Brot noch länger lagern möchte, kann es ohne Probleme einfrieren. Besonders für Single-Haushalte ist das praktisch: In Scheiben eingefroren, kann man sich sein Brot jeden Tag auftauen oder einfach im Toaster rösten.

# SEMMELKNÖDEL

## FÜR 4 PERSONEN (8 KNÖDEL)

300 g altbackenes Brot und Brötchen in Scheiben schneiden
150 ml Milch
2 EL Butter
4 Eier
1 große Zwiebel
4–6 Zweige glatte Petersilie
1/2 Bund Schnittlauch
Salz
schwarzer Pfeffer aus der Mühle
frisch geriebene Muskatnuss

Milch lauwarm erhitzen. Brot mit der Milch übergießen und 5 Minuten ziehen lassen. Zwiebel abziehen und fein hacken. Petersilie abbrausen, trocken schütteln und grob hacken. Die Butter in einer Pfanne schmelzen; darin die Zwiebel in 3 Minuten glasig dünsten, dann Petersilie unterrühren. Eier verquirlen und mit der Zwiebelmischung zur Knödelmasse geben. Mit Salz, Pfeffer und Muskat würzen, kräftig durchmischen und anschließend 10 Minuten ziehen lassen. Dann die Masse achteln und jede Portion mit angefeuchteten Händen zu Knödeln formen.
In einem breiten Topf reichlich Wasser aufkochen, salzen. Knödel ins Wasser geben und ca. 5 Minuten kochen lassen. Dann den Deckel auflegen und die Knödel bei geringer Hitze ca. 20 Minuten nur noch sanft ziehen lassen. Schnittlauch abbrausen, trocken schütteln und in Röllchen schneiden. Die Knödel mit einem Schaumlöffel aus dem Wasser heben, in einer Schüssel anrichten und mit dem Schnittlauch bestreuen.

### TIPP

Auch Brezeln schmecken toll in Semmelknödeln! Verwenden Sie dann jedoch etwas weniger Salz.

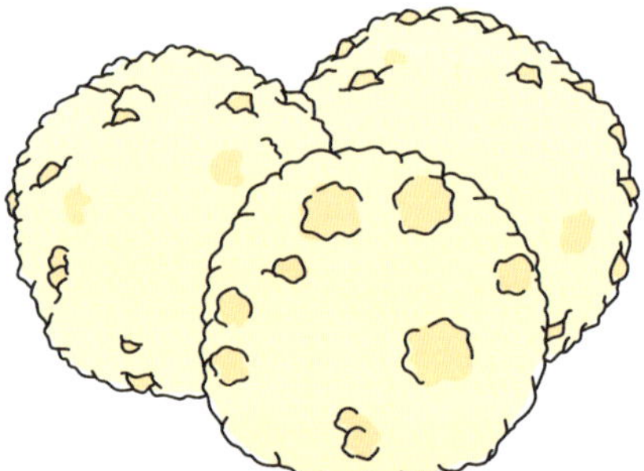

# KIRSCHMICHEL

FÜR 4 PERSONEN

4 Brötchen vom Vortag
1 Glas Schattenmorellen
(350 g Abtropfgewicht)
400 ml Milch
2 Eier
4 EL Zucker
½ TL Zimt
30 g Butter

Den Backofen auf 200 °C (Umluft 180 °C; Gas Stufe 3) vorheizen. Brötchen in etwa 1 cm dicke Scheiben schneiden und in eine Schüssel geben.
Kirschen durch ein Sieb geben und abtropfen lassen. Den Saft anderweitig verwenden.
Milch mit den Eiern verquirlen und über die Brötchenscheiben gießen.
Eine Auflaufform (etwa 25 cm lang) mit etwas Butter einfetten. Die Brötchenscheiben aus der Schüssel nehmen und abwechselnd mit den Kirschen in die Form schichten.
Zucker und Zimt vermischen und über den Auflauf streuen. Die Butter als Flöckchen darauf setzen.
Das Ganze auf mittlerer Schiene etwa 30 Minuten backen.

# KUCHEN, KLEINGEBÄCK UND KEKSE

## Generelle Haltbarkeit

Abhängig vom Feuchtigkeitsgehalt lassen sich feine Backwaren unterschiedlich lange lagern. Eine Torte bzw. ein Kuchen muss in wenigen Tagen verputzt sein. Kekse halten monatelang in einer Dose.

**NOCH GUT**

Trockene Kaffeestückchen oder Kuchenteilchen (einfach mit Haube in der Mikrowelle für ca. 15 Sekunden erwärmen).

## Was sagt das MHD aus?

Kekse schmecken nach Ablauf des Mindesthaltbarkeitsdatums vielleicht nicht mehr so knusprig, halten aber länger, als es das MHD erahnen lässt.
Torten sollten bis zum Mindesthaltbarkeitsdatum (bei verpackter Ware) gegessen werden, bei einem Kuchen oder auch Kleingebäck lassen sich die Leckereien vielleicht noch ein bis drei Tage darüber hinaus essen.

## Richtig lagern

**Kekse** in der Originalverpackung belassen; ist diese bereits geöffnet, sollte man die Kekse in eine Dose geben.

**Kuchen** mit hohem Fettanteil – wie etwa Rührkuchen, Plunderstückchen oder Käsekuchen – und auch **Torten** mögen im Sommer in den Kühlschrank.

**Hefekuchen** und **Berliner** wollen schnell gegessen werden und verlieren im Kühlschrank an Geschmack.

**Selbst gebackene Plätzchen** werden am besten in gut verschließbaren Dosen je nach Sorte einzeln oder auch zusammen gelagert. Wenn Sie mehrere Sorten in einem Behältnis aufbewahren, sollten Sie die einzelnen Sorten mit Pergament abtrennen. So bleibt das jeweilige Aroma gut erhalten.

**Schokoguss verzierte Plätzchen** sollten nie im Kühlschrank gelagert werden, da die Schokolade sonst stumpf wird.

**Fettreiche Kekse wie Makronen oder Konfekt** lagert man am besten kühl in Gefrierdosen verpackt.

Generell bleiben trockene Kekse so bis zu acht Wochen frisch; mit Creme gefüllte Plätzchen sollten Sie jedoch bereits nach ein bis zwei Wochen verputzt haben.

**Lebkuchen** und **Honigkuchen** schmecken erst richtig lecker, wenn sie vor dem Verzehr zwei bis drei Wochen durchgezogen sind. Diese Gebäckarten nach dem Backen einen Tag offen liegen lassen, damit sie weich werden und dann mit einem Apfelschnitz in Dosen legen. So bleiben Lebkuchen und Honigkuchen länger frisch und saftig.

Auch roher Teig lässt sich – je nach Teigart – ein bis drei Tage gut verschlossen im Kühlschrank zwischenlagern. Immer vorausgesetzt, dass frische Eier verwendet wurden. Mürbteig, der keine weitere Flüssigkeit enthält, kann zwei bis drei Tage lagern; flüssiger Teig, wie etwa ein Waffelteig, sollte hingegen innerhalb von 24 Stunden verbraucht werden; ein Rührteig kann ca. ein bis zwei Tage aufbewahrt werden.

## Haltbar machen: Einfrieren

Theoretisch kann man Kekse einfrieren, um die Haltbarkeit zu verlängern, doch in der Praxis wird dies nur überaus selten getan.

Kuchen – Rührteig, Windbeutel, Hefekuchen, Biskuitrolle und auch Kuchen mit Buttercreme wie Bienenstich und Frankfurter Kranz – werden gut in Alufolie eingeschlagen eingefroren. Es ergibt dabei Sinn, den Kuchen portionsweise einzufrieren, dann lässt er sich passend auftauen. Einen aufgetauten Kuchen sollte man nicht noch mal einfrieren.

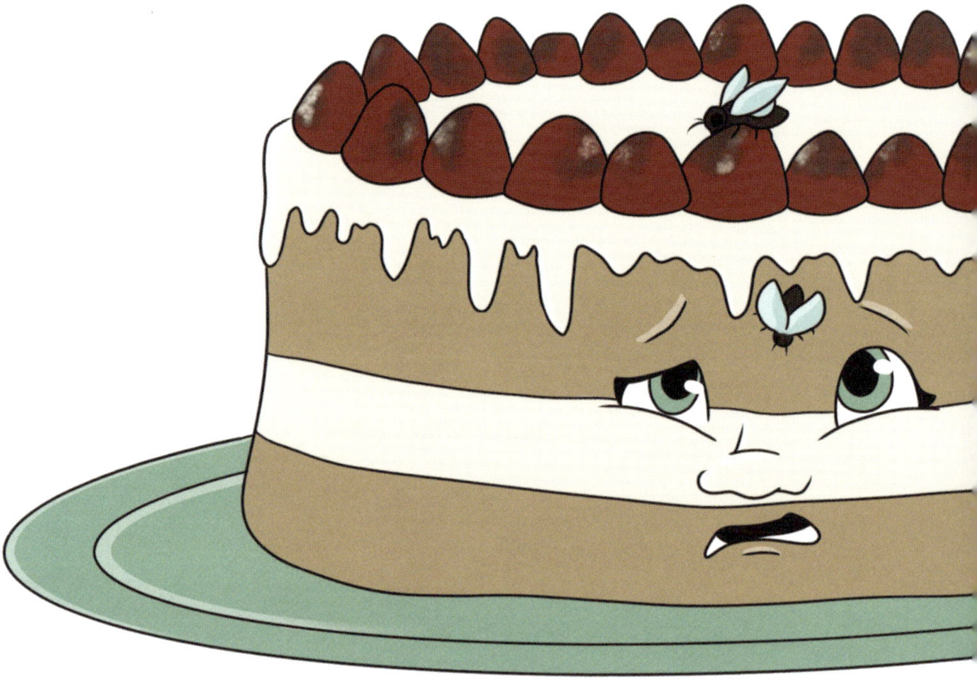

## Resteverwertung

Kuchen und Keksreste können Sie in kleine Stück brechen oder schneiden und mit einem Vanillepudding und tiefgekühltem Obst vermengen. In Großbritannien ist dies ein traditioneller Nachtisch und heißt Trifle.

### GEWUSST?

Fruchtfliegen am Obstkuchen lassen diesen schneller altern. Decken Sie den Obstkuchen also immer mit einen Fliegensieb ab.

### MUSS WEG

- Schimmelbefall. Ist auch nur eine kleine Stelle betroffen, muss sofort das ganze Backwerk weg.
- Cremes schmecken säuerlich

# BACKPULVER HEFE • SAUERTEIG

## Generelle Haltbarkeit

Backpulver und Trockenhefe können über ihr Mindesthaltbarkeitsdatum locker verwendet werden. Bei frischer Hefe und Sauerteig verlieren die Hefen schneller an ihrer Aktivität.

### NOCH GUT

- Streuen Sie eine Prise Backpulver in ein Schnapsglas voll Wasser: Beginnt es zu schäumen, ist es noch gut.
- Lösen Sie die Trockenhefe oder auch die frische Hefe in etaaawa 100 ml lauwarmem Wasser auf. Geben Sie einen ½ TL Zucker und 1 TL Mehl hinzu, verrühren und 30 Minuten an einem warmen Ort zugedeckt stehen lassen. Fängt die Hefe an zu gären, wirft sie Bläschen und ist folglich noch gut.

## Was sagt das MHD aus?

Trockenhefe und Backpulver halten ohne Qualitätsverlust sicherlich ein halbes Jahr über ihr Mindesthaltbarkeitsdatum. Frische Hefe hält vielleicht zwei Wochen über das Mindesthaltbarkeitsdatum. Wichtig ist, dass sie nicht ausgetrocknet ist.
Sauerteig, in Tüten luftdichtverpackt, kann bei Lagerung im Kühlschrank sicherlich auch noch drei Monate nach dem Mindesthaltbarkeitsdatum verwendet werden.

## MUSS WEG

- **Schimmel**, schwarze Stellen auf dem Hefewürfel
- Konsistenz von **Zähigkeit** beim Auflösen der Trockenhefe
- **feuchtes Backpulver** verliert seine Triebfähigkeit

## Richtig lagern

- Trockenhefe und Backpulver sollten trocken, dunkel und bei Zimmertemperatur aufbewahrt werden.
- Sauerteigansatz kann man in der Kühlschranktür oder auch im Küchenschrank aufbewahren.
- Frische Hefe gehört in die Kühlschranktür und hat von allen die kürzeste Lagerzeit.

## Haltbar machen: Einfrieren

Frische Hefe lässt sich einfrieren. Beim Auftauen wird der Würfel »flüssig«, so lässt er sich noch nutzen. Am besten vor der Benutzung die Triebfähigkeit überprüfen (vgl. »Noch gut«).

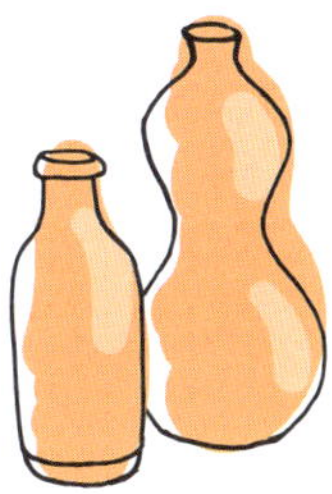

# MEHL, GRIEß, FLOCKEN, MÜSLI

**MUSS WEG**

- Schimmelbefall
- Schädlinge, wie Motten, Käfer und ihre Ausscheidungssekrete

## Generelle Haltbarkeit

Getreidekörner, -flocken, Grieß und Mehl halten jahrelang, wenn sie trocken, luftdicht verpackt, dunkel und bei niedrigen Zimmertemperaturen gelagert werden.

## Richtig lagern

Mehl, Grieß und Müsli aus der Originalverpackung in ein luftdicht verschließbares Gefäß umfüllen und dunkel im Vorratsschrank aufbewahren.

## Was sagt das MHD aus?

Mehl und Co. können in Speisekammern oder Vorratsschränken bei durchschnittlich 15–20 °C, trocken und dunkel gelagert werden. Das Mindesthaltbarkeitsdatum kann bei richtiger Lagerung deutlich überschritten werden.
Als Faustregel gilt: helle Mehle halten länger als ein Jahr, dunkle Mehle halten sich etwa sechs Monate.

## Haltbar machen: Einfrieren

Trockenprodukte kann man durchaus einfrieren und da sie kein bis kaum Wasser enthalten, gefrieren sie auch nicht. D. h. man kann sie direkt aus dem Gefrierschrank verwenden. Dennoch ist dieses Verfahren in den meisten Fällen unnötig.

### NOCH GUT

Wenn Sie eine Packung Müsli, Mehl oder Grieß lange in der Ecke eines Vorratsschrankes liegen hatten, muss sie nicht automatisch in die Mülltonne. Lassen Sie das Produkt in eine Schale rieseln. Ist es optisch einwandfrei und riecht auch nicht modrig, ranzig oder schimmelig, können Sie es noch verwenden.

## Resteverwertung

Einfach mit dem neuem Produkt verwenden.

### GEWUSST?

Je höher der Ausmahlungsgrad (Vollkornmehl), desto schneller verderben die Mehle. Vollkornmehl verliert schnell an Qualität und sollte daher zügig verbraucht werden.

# KAKAO UND SCHOKOLADE

## Generelle Haltbarkeit

Kakao und Schokolade halten sehr lange und weit über ihr Mindesthaltbarkeitsdatum hinaus. Am ehesten verderben nusshaltige oder cremige Füllungen.

**NOCH GUT**

Ein fleckiger, weicher, weißlich bis hellgrauer Belag auf Tafeln, Figuren und Pralinen entsteht infolge falscher Lagerung. Die Schicht mindert weder den Geschmack, noch den Inhalt der Schokolade.

## Was sagt das MHD aus?

Kakao und Schokolade halten weit über das Mindesthaltbarkeitsdatum. Durch die Presse ging, dass 2019 von einem Karnevalswagen Schokolade mit Mindesthaltbarkeitsdatum 2014 geworfen wurde. Es gab natürlich Beschwerden, aber die Schokolade war noch einwandfrei.

## Richtig lagern

**Schokolade** können Sie kühl, trocken und dunkel im Schrank aufbewahren. Im Kühlschrank geht es auch, ist aber nicht notwendig.
**Kakao** trocken und luftdicht verschlossen im Vorratsschrank lagern.

## Haltbarmachen: Einfrieren

Schokolade kann man einfrieren, so hält sie länger frisch – sollte jedoch nach dem Herausnehmen gegessen werden.

## GEWUSST?

Normalerweise ist die Kakaobutter in der Schokolade fein verteilt. Wird eine bestimmte Temperatur überschritten, so wandert das Fett langsam an die Oberfläche und rekristallisiert sich wieder. Das nennt man Fettreif. Der ähnlich aussehende Zuckerreif entsteht durch Lagerung bei unterschiedlichen Temperaturen. Dies kann passieren, wenn die Schokolade vom Kühlschrank wieder zurück in die Schublade gelegt wird. In Folge von Kondensation wird der Zucker aus den oberen Schichten der Schokolade herausgelöst und kristallisiert.

## Resteverwertung

Schokolade, die nicht mehr appetitlich aussieht, kann man reiben oder hacken und unter einen Kuchenteig heben.

**MUSS WEG**

Ranziger Geruch und Geschmack

## Schoko-Nuss-Aufstrich

Schoko-Nuss-Aufstrich besteht zum überwiegenden Teil aus Zucker und pflanzlichen Fetten. Das Produkt ist ungeöffnet noch Jahre nach dem Mindesthaltbarkeitsdatum essbar, doch schmeckt ein Schoko-Nuss-Aufstrich innerhalb des Mindesthaltbarkeitsdatums verzehrt deutlich besser. Geöffnet und nicht im Kühlschrank gelagert, trocknet die Oberfläche schon nach sechs Wochen leicht aus. Dann ist das Produkt noch nicht schlecht, aber empfindliche Gourmetzungen mögen es dann nicht mehr.

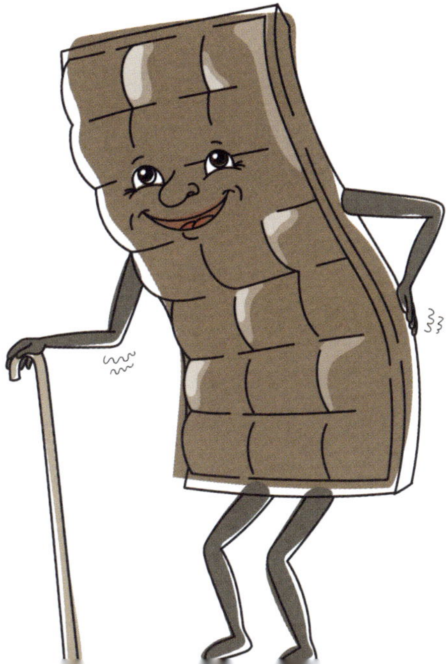

# BROWNIES

## FÜR 24 STÜCKE

**200 g Zartbitterschokolade**
**125 g Butter**
**150 g Mehl**
**½ TL Backpulver**
**¼ TL Jodsalz**
**200 g Zucker**
**3 Eier**

170 g Schokolade mit der Butter schmelzen und abkühlen lassen. Die restliche Schokolade fein hacken. Mehl, Backpulver und Salz mit einander vermengen. Den Backofen auf 180 °C vorheizen. Eine Kuchenform (20 cm x 30 cm) mit Backpapier auslegen.
Zucker und Eier mit den Schneebesen eines Handrührgerätes verrühren und nach und nach die lauwarme Schoko-Butter-Mischung unterrühren. Die Mehlmischung und die Schokostückchen zum Schluss unterheben und zu einem glatten Teig verrühren. Den Teig in die Form geben und 25 Minuten auf mittlerer Schiene backen. Die Brownies auskühlen lassen und in Quadrate schneiden.

# NUSSECKEN

FÜR 40 STÜCKE

300 g Mehl
300 g Zucker
330 g Butter
2 Eier
100 g gemahlene Haselnüsse
100 g gehobelte Haselnüsse
200 g gehackte Mandeln
7 EL Aprikosenmarmelade
150 g Weihnachtsmänner oder Osterhasen aus Schokolade
10 g Palmkernfett
2 Päckchen Vanillezucker
4 EL Wasser

Mehl, 100 g Zucker, 130 g Butter und Eier in eine Schüssel geben und zuerst mit den Knethaken und dann mit der Hand zu einem festen Teig verarbeiten. Diesen etwa eine Stunde im Kühlschrank ruhen lassen.
Den Teig auf einem Backblech ausrollen. Den Backofen auf 180 °C vorheizen. Für den Belag die restliche Butter in einem Topf zerlassen, den restlichen Zucker und Vanillezucker sowie das Wasser hinzufügen und einmal aufkochen. Dann die Haselnüsse und Mandeln unterrühren.
Den Teig mit der Aprikosenmarmelade bestreichen, dann die Nussmasse auf dem Teig verteilen. Anschließend etwa 45 Minuten auf mittlerer Schiene backen lassen. Danach die Nussecken abkühlen lassen, zunächst in Vierecke schneiden und dann diese jeweils in Dreiecke halbieren.
Die Schokolade grob hacken, mit dem Palmkernfett im Wasserbad schmelzen und damit die Ecken der Nussecken darin eintauchen und auf einem Kuchengitter trocknen lassen.

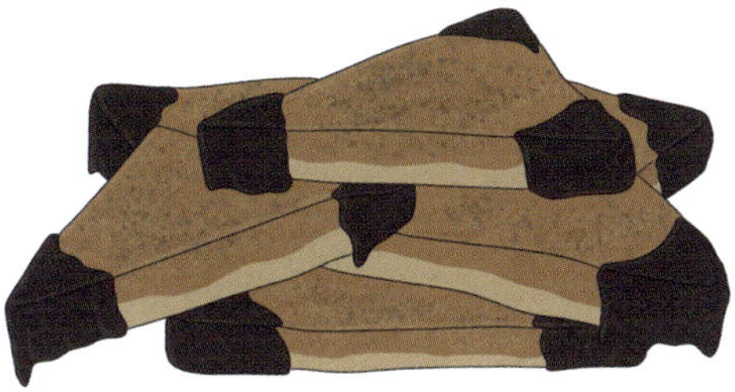

# SÜẞIG-KEITEN

### GEWUSST?

Kaubonbons und Kaugummi verlieren mit der Zeit an Elastizität, der Kaugenuss nimmt bei überlagerten Kaubonbons und Kaugummis ab.

## Generelle Haltbarkeit

Bonbons, Gummibärchen, Lakritze und Kaugummi bestehen zu 99 Prozent aus Zucker und sind somit unbegrenzt haltbar.

### MUSS WEG

- Süßigkeiten lagen neben stark parfümierten Produkten und schmecken nicht mehr
- Aufgrund von sehr hohen Temperaturen sind die Süßigkeiten geschmolzen und niemand will sie mehr essen, auch wenn man es noch könnte.

## Was sagt das MHD aus?

Der Gesetzgeber hat für Süßigkeiten ein Mindesthaltbarkeitsdatum vorgeschrieben. Doch ist der Süßkram noch Jahre nach dem Mindesthaltbarkeitsdatum essbar, da er zu fast 100 Prozent aus Zucker, einem Konservierungsmittel per excellence, besteht.

**NOCH GUT**

Ein verklebter Bonbonhaufen lässt sich mit einem spitzen Messer wieder vereinzeln und kann auch noch gegessen werden.

## Richtig lagern

Süßigkeiten trocken und luftdicht verpackt lagern. Vor Hitze, wie z. B. an heißen Sommertagen im Auto, oder vor Fremdgerüchen schützen. Manche Süßigkeit zieht Feuchtigkeit an, daher sollte man sie langfristig nicht lose im Raum lagern.

Nach Ablauf des Mindesthaltbarkeitsdatums verlieren zuckerfreie Bonbons und Kaugummis schneller an Qualität als ihre zuckerhaltige Alternative.

# SPEISE-EIS

**GEWUSST?**

Industrielles Speiseeis wird nicht aus frischen Eiern, sondern aus Flüssigei produziert. Eine Salmonellengefahr – wie oft beschrieben – besteht daher eher nicht.

## Generelle Haltbarkeit

Eis gehört zu den empfindlichen Tiefkühlprodukten und hält sich nur dann gut, wenn die Tiefkühlkette eingehalten wird.

## Was sagt das MHD aus?

Eis hält sich ungeöffnet je nach Sorte noch mehrere Monate nach dem Mindesthaltbarkeitsdatum.
**Frisches Eis aus der Eisdiele** können Sie einige Stunden im Ein-Sterne-Fach bei -5 °C, ein bis zwei Tage im Zwei-Sterne-Fach -12 °C und im Drei- oder Vier-Sterne-Fach, in Tiefkühlschränken und Tiefkühltruhen bei -18 °C ein bis drei Monate lagern.
**Abgepacktes Eis** hält im Tiefkühlfach noch drei bis sechs Monate über das Mindesthaltbarkeitsdatum hinaus.

**NOCH GUT**

Kleine Eiskristalle auf dem Eis – das Eis hatte eine Temperaturveränderung, sodass sich Eiskristalle gebildet haben. Das Eis ist trotzdem noch essbar.

**MUSS WEG**

- Komischer Geruch oder Fremdgeruch
- Verfärbung beginnend an den Rändern vom Eis

### Resteverwertung

Eisreste kann man in einem Mixmilchgetränk unterrühren.

# NÜSSE UND SAMEN

## Generelle Haltbarkeit

Ganz und ungeschält halten Nüsse monatelang bei sachgerechter Lagerung. Auch andere Saaten wie Sesam, Mohn, Sonnenblumen- und Kürbiskerne sind lange lagerbar.

**GEWUSST?**

Wenn Sie Nüsse auf Vorrat kaufen wollen, dann kaufen Sie ganze Nüsse. Mahlen oder hacken Sie die Kerne erst kurz vor der Zubereitung. Bei gemahlenen Nüssen sind die Fettsäuren und Vitamine durch die vergrößerte Oberfläche besonders angreifbar und können durch Licht, Wärme und Sauerstoff zerstört werden.

**NOCH GUT**

- Keines der Anzeichen für Verderb
- Von außen können Sie nicht erkennen, wie lange eine Kokosnuss schon im Supermarkt liegt. Das Kennzeichen von Frische ist viel Flüssigkeit im Inneren der harten Schale. Vor Kauf schütteln Sie die Kokosnuss. Hören Sie das Kokoswasser im Inneren gluckern, ist das ein Zeichen für die Frische der Kokosnuss. Eine 100-prozentige Garantie ist das aber nicht.

## Was sagt das MHD aus?

Nüsse wie auch Samen halten sich über das Mindesthaltbarkeitsdatum und sind danach noch genießbar, meist noch mehrere Monate lang. Alle Produkte sollten dafür trocken und dunkel gelagert werden.

**MUSS WEG**

- Wenn das Produkt ranzig ist
- Lagern die Nüsse und Samen nicht trocken, dann läuft man Gefahr, dass sie schimmeln.

## Richtig lagern

Nüsse und Samen sollten grundsätzlich kühl, dunkel, trocken und gut verpackt sein. Ganze Nüsse lagert man luftig in Säcken oder Netzen. Geschälte Nüsse und Samen möchten luftdicht verschlossen in Schraubgläser oder Dosen nach dem Öffnen verpackt sein. Zu viel Wärme, Licht und Feuchtigkeit verkürzen die Haltbarkeit und lassen Nüsse und Samen schneller ranzig werden oder schimmeln. Vor allem geschälte und bereits zerkleinerte Ware sollte bei angebrochener Verpackung besser im Kühlschrank aufbewahrt werden, am besten in einer fest verschließbaren Dose.

## Haltbar machen: Einfrieren

Geschälte Nüsse eignen sich auch zum Einfrieren, über ein Jahr kann man sie eingefroren lagern.

# ZUCKER UND SALZ

**NOCH GUT**

- Verklumpter Puderzucker – einfach sieben
- Kandiszuckerstücke kleben aneinander – einfach in eine Gefriertüte packen und mit einem Hammer zerschlagen

## Generelle Haltbarkeit

Zucker und Salz verderben nicht, denn beide zählen zu den Konservierungsmitteln.

## Richtig lagern

Zucker und Salz sollten luftdicht verschlossen und trocken bei Raumtemperatur lagern. Sie sind so über Jahre haltbar.
Salz ist »hygroskopisch«. Das bedeutet, wenn Salz länger in feuchter Umgebung lagert, nimmt es Luftfeuchtigkeit auf und kann verklumpen. Um das zu vermeiden, sollte Salz möglichst trocken lagern. Die Ausschüttungsöffnung bei Salzdosen sollten nach dem Gebrauch stets verschlossen werden, damit keine Feuchtigkeit eindringen kann.

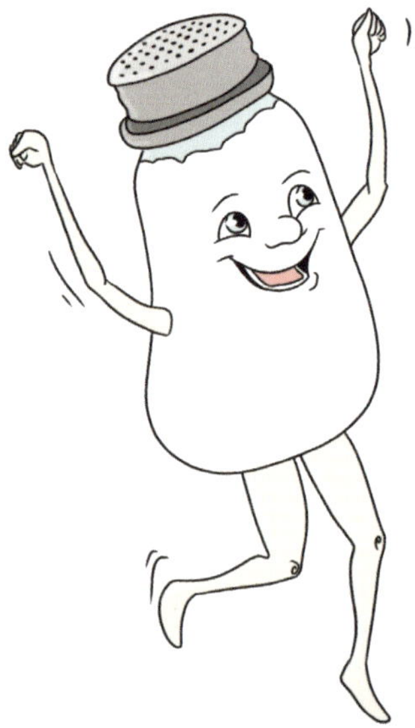

## Was sagt das MHD aus?

Auf den Verpackungen von reinem Zucker steht kein Mindesthaltbarkeitsdatum. Das begründet sich daraus, dass reiner Zucker ein sehr lang haltbares Lebensmittel ist, das praktisch zeitlich unbegrenzt verwendet werden kann.
Ausgenommen sind einige spezielle Zuckersorten wie zum Beispiel Gelierzucker, der neben Zucker weitere Inhaltsstoffe enthält, hier trägt die Verpackung ein Mindesthaltbarkeitsdatum. Jedoch kann Gelierzucker vom letzten Jahr noch verwendet werden. Das enthaltene Pektin verliert allerdings auf Dauer seine Gelierfähigkeit.
Reines Salz hat wie Zucker ein Verpackungsdatum und kein Mindesthaltbarkeitsdatum. Da Salz das älteste Konservierungsmittel ist, kann es nicht schlecht werden. Sind dem Salz Jod, Fluorid oder Folsäure zugesetzt, beträgt die Mindesthaltbarkeit 36 Monate, die Restlaufzeit 27 Monate. Gewürzsalze haben ein MHD von 28 und eine Restlaufzeit von 19 Monaten. Diese Salze sind nach Ablauf zwar immer noch gut, doch hat die Folsäure ihre Wirkung vermutlich verloren und die Gewürze ihr Aroma.

**MUSS WEG**

Kommt bei reinem Salz und Zucker nicht vor!

## Resteverwertung

Aus Zucker und Salz lassen sich schnell Mitbringsel erstellen: Z. B. Zimt- oder Vanillezucker. Für Vanillezucker die Schote längs halbieren, auskratzen und mit 500 g Zucker mischen. Luftdicht verschlossen mindestens sechs Wochen lagern und dann in Geschenkportionen verpacken.
Auch Salz lässt sich mit getrockneten Kräutern gemischt und schön verpackt gut verschenken.

# GEWÜRZE UND KRÄUTER

**GEWUSST?**

Gewürze im Ganzen halten länger als gemahlene.

## Generelle Haltbarkeit

Kräuter und Gewürze sind aromatische Naturprodukte, deren Haltbarkeit in der Regel lang, aber nicht unbegrenzt ist. Insbesondere bei gemahlenen Produkten können Luft- und Lichteinflüsse das Aroma und damit die Würzkraft stark vermindern.

**NOCH GUT**

Der Mythos hält sich hartnäckig, dass z.B. Gewürze wie **Kurkuma, Pfeffer und Chili** nicht schlecht werden können. Eine Schimmelschicht ist auf Gewürzen tatsächlich eher selten finden – es sei denn, sie kommen mit starker Feuchtigkeit in Kontakt. Daher sollte auch das Gewürzregal nicht wirklich hinter oder neben dem Herd angebracht sein. Gewürze werden nicht im klassischen Sinne schlecht, aber sie sind verlieren ihr Aroma.

## Was sagt das MHD aus?

Bereits zerkleinerte oder gemahlene Gewürze sind verschlossen bis zu drei Jahre haltbar, aber darüber hinaus immer noch genießbar. Sobald die Packung geöffnet ist, verkürzt sich die Haltbarkeit. Nach einem gewissen Zeitraum können Gewürze und Kräuter an Aroma und Farbe verlieren, sie würzen nicht mehr so gut, sind aber noch haltbar und können eine Weile bedenkenlos weiterverwendet werden.

## Richtig lagern

Sobald die Packung geöffnet ist, sollten Gewürze und Kräuter auch weiterhin in einer luftdichten, dunklen Verpackung trocken schlummern, so halten sie am längsten.
Frische Kräuter, Ingwerwurzel oder Kurkumawurzel lagern am besten im Kühlschrank. Die frischen Kräuter bitte mit nassem Küchenpapier umwickeln, in Tiefkühlbeutel geben, verschließen und im Kühlschrank lagern. Basilikum können mit Wurzel besser in ein Glas Wasser gestellt werden. Ingwer und Kurkumawurzel lagern etwa zwei Wochen im Gemüsefach des Kühlschranks und verlieren immer mehr Wasser.

## Haltbar machen: Einfrieren

Frische Kräuter lassen sich gehackt gut einfrieren. Doch nicht jedes Kraut kommt zu einem guten aromatischen Ergebnis: Beinwell, Bärlauch, Dill, Schnittlauch und Petersilie sind perfekt. Frischer Rosmarin, Thymian und Salbei lassen sich besser auf den Kopf zu Bündeln zusammengefasst trocknen.

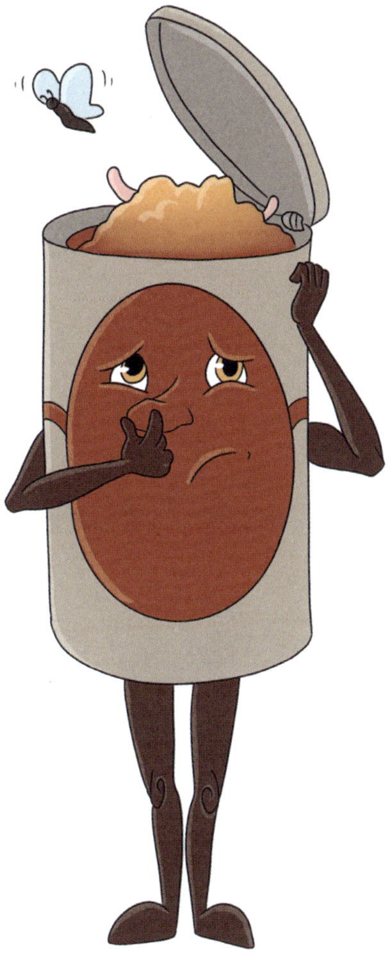

**MUSS WEG**

- Farbverlust, z.B. wenn das Paprikapulver mehr gelb-braun als rot ist
- Komischer oder gar kein Geruch
- Insektenbefall

# ESSIG

### GEWUSST?

Speiseessig hat meistens eine Essigsäurekonzentration von 5 bis 6 Prozent. Essigessenz zeichnet sich durch einen Säuregehalt von 25 Prozent aus und kann nur mit Wasser verdünnt beim Kochen angewandt werden. Trinkessig unterläuft meist die Marke von 5 Prozent Säure, daher kann dieser auch mal geschmacklich umkippen und ungenießbar werden.

## Generelle Haltbarkeit

Bei richtiger Lagerung ist Essig sicherlich zehn Jahre lang genießbar.

## Was sagt das MHD aus?

Essig braucht kein Mindesthaltbarkeitsdatum. Das liegt an der sehr langen Haltbarkeit des Essigs.

## Richtig lagern

Essigflaschen mögen gut verschlossen, dunkel und bei Zimmertemperatur im Vorratsschrank verweilen.

**NOCH GUT**

Lagert der Essig warm und ist viel Luft ausgesetzt, dann kann sich eine Essigmutter bilden. Es handelt sich dabei um eine gallertartige, Fäden ziehende Masse aus Essigsäurebakterien. Der Essig ist aber durchaus gut. Wenn die Essigmutter stört, filtern Sie Ihren Essig.

**MUSS WEG**

Unangenehmer Geruch, fremdartiger Geschmack (jedoch sehr unwahrscheinlich)

## Resteverwertung

Läuft hier umgekehrt: Essig ist ein Konservierungsmittel und in ihm lassen sich Reste verwerten und einlegen.

# ÖL

## Generelle Haltbarkeit

Wie lange ein Öl haltbar ist, bestimmt sein Rohstoff. Als Faustregel gilt, je weniger mehrfach ungesättigte Fettsäuren es enthält, umso länger hält ein Öl.

## Was sagt das MHD aus?

**Raffiniertes Raps- und Sonnenblumenöl** sowie **kalt gepresstes Olivenöl** sind die beliebtesten und vermutlich am häufigsten verwendeten Öle. Verschlossen halten diese Öle bei dunkler, kühler Lagerung etwa 12 Monate über das Mindesthaltbarkeitsdatum hinaus. Geöffnetes Öl ist etwa ein bis drei Monate haltbar.

Ein **kaltgepresstes Leinöl** hat insgesamt nur eine sehr kurze Nutzungszeit. Es enthält sehr viel mehrfach ungesättigte Fettsäuren und ist mit dem Ablauf des Mindesthaltbarkeitsdatums auch meist nicht mehr gut.

**Kalt gepresstes Rapsöl** oder anderes **Spezialöl wie z. B. Pflaumenkernöl, Senföl, Algen- oder Fischöl** haben nach dem Abfüllen eine wesentliche kürzere Lagerzeit.

**NOCH GUT**

Ein kalt gepresstes, nicht gefiltertes Olivenöl kann manchmal Rückstände, die wie Schlieren aussehen, haben. Das ist ein Zeichen von hoher Qualität und nicht von Schimmel. Öle schimmeln eigentlich nicht.

**GEWUSST?**

Leinöl hat die kürzte Haltbarkeit und Kokosöl/-fett hält sich am längsten. Olivenöl hält die Mittelstellung unter den Ölen.

## Richtig lagern

Öle sollten dunkel und kühl lagern. Aus praktischen Gründen lagern viele ihre Öle in der Küche. Doch Öle, die nicht so häufig verwendet werden, sollten lieber in der dunklen, kühlen Abstellkammer oder im Keller aufbewahrt werden. Noch besser eignet sich der Kühlschrank. In ihm flocken manche Öle, wie z. B. Olivenöl, aus und werden fest, doch hat das keinen Einfluss auf die Qualität des Öls. Bei Raumtemperatur wird es wieder flüssig.

## Haltbar machen: Einfrieren

Es ist möglich ein Öl in den Gefrierschrank zu geben, durch die Minustemperaturen verlängert sich die Haltbarkeit. Bei Leinöl, Fisch- oder Algenöl, die alle drei sehr viel mehrfach ungesättigte Fettsäuren enthalten und sehr teuer sind, kann das sinnvoll sein.

**MUSS WEG**

Ranziger Geruch – das Öl ist oxidiert und enthält gesundheitlich bedenkliche Stoffe

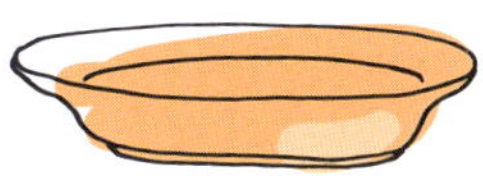

# MARMELADE
## GELEE · KONFITÜRE

### GEWUSST?

Bei selbst gekochter Marmelade hält der Standard 1:1 mit gleicher Menge Gelierzucker und Früchten am längsten. Verschlossen lässt sich das fertige Produkt etwa ein Jahr im Vorratsregal bei Zimmertemperatur lagern.

### Generelle Haltbarkeit

Der Zuckeranteil von Marmelade, Gelee oder Konfitüre ist ausschlaggebend für ihre Haltbarkeit: Je mehr Zucker enthalten ist, desto länger lässt sich der fruchtige Brotaufstrich aufbewahren.

### NOCH GUT

Die Marmelade hat an Farbe verloren. Wenn die Marmelade jedoch noch gleich riecht und schmeckt, ist sie problemlos genießbar.

### Was sagt das MHD aus?

Marmelade hält häufig weit über das Mindesthaltbarkeitsdatum hinaus. Gekaufte Marmeladen können nach dem Öffnen des Glases in der Kühlschranktür sogar mehrere Monate halten.

## Richtig lagern

Konfitüre, Gelee und Marmelade mögen es dunkel, trocken und kühl.
Angebrochene Marmeladen sollten bei langsamem Verbrauch immer im Kühlschrank aufbewahrt werden. Damit sie nicht schnell verderben, sollten die Gläser stets fest verschlossen sein. Auch die Verwendung eines Marmeladenlöffels schützt den Fruchtaufstrich vor Brotkrümel, die schneller als Marmelade anfangen zu schimmeln und daher möglichst nicht ins Marmeladenglas kommen sollten.

**MUSS WEG**

- Schimmelbefall
- Schlechter Geruch, falscher Geschmack

## Haltbar machen: Einfrieren

Durch Gefrieren verlängert sich die Haltbarkeit von Marmelade. Vor dem Einfrieren müsste der Deckel geöffnet werden, damit die Gefahr eines springenden Glases gemildert ist. Also, nicht wirklich sinnvoll.

## Resteverwertung

Marmelade lässt sich gut mit Quark, Naturjoghurt oder in den Vanillepudding rühren. Auch Milchreis oder Grießbrei lässt sich mit einem Klecks Marmelade, Konfitüre oder Gelee verfeinern.

# HONIG

NOCH GUT

Honig kann zwar mit der Zeit kristallisieren, aber durch mehrfaches Erhitzen wird er wieder schön streichzart. Einfach das Glas ins Wasserbad stellen und anfangen zu rühren.

## Generelle Haltbarkeit

Honig besteht zu über 80 Prozent aus Zucker und ist somit nahezu unbegrenzt haltbar.

## Was sagt das MHD aus?

Das Haltbarkeitsdatum auf dem Honigglas beträgt zwei Jahre nach Abfülldatum. Das heißt nicht, dass der Honig danach ungenießbar ist, sondern dass das vorgeschriebene Mindesthaltbarkeitsdatum abgelaufen ist. Honig ist eigentlich ewig haltbar.

MUSS WEG

- Der Honig gärt
- Fremdaromen

## Richtig lagern

Honig sollte verschlossen, dunkel und bei maximal 18 °C lagern. Ist der Honig lange dem Licht ausgesetzt, gehen gesundheitliche Stoffe verloren.
Seine Honiggläser stellt man also am besten in den Küchenschrank oder in eine Vorratskammer bzw. Keller, die in nur wenig Licht gelangt. Lichtundurchlässige Gläser wären optimal, aber diese lehnen viele Imker wie auch Honigesser ab. Fast alle wollen – zumindest kurz vor dem Verzehr – den Honig in seiner schönen Farbe und seiner Konsistenz sehen.

### GEWUSST?

Gelangen allerdings Fremdkörper, wie beispielsweise Brotkrümel oder Butter, ins Honigglas, so kann auch Honig verderben. Das Nutzen eines Honiglöffels ist daher sinnvoll.

Übrigens: Kinder unter einem Jahr sollten keinen kalt geschleuderten Honig essen. In Honig können Sporen vom Pilz Clostridium enthalten sein. Da der Darm eines Säuglings keine ausgereifte Mukosa hat, besteht die Gefahr eines plötzlichen Kindstodes.

## Resteverwertung

Süßen Sie Ihren Tee mit Honig oder geben Sie den Honig in eine Süßspeise. Und vergessen Sie nicht, wenn die Adventszeit naht, Honig für Printen und Lebkuchen auf Vorrat zu haben.

# SENF, KETCHUP, GEWÜRZSOẞEN UND TOMATENMARK

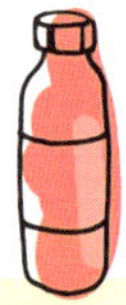

## Generelle Haltbarkeit

Senf, Currypaste, Chilisauce, Sojasauce etc. haben alle ein Mindesthaltbarkeitsdatum und sind auch geöffnet weit darüber hinaus haltbar.

## Was sagt das MHD aus?

Bei all diesen Produkten handelt es sich um ein Mindesthaltbarkeitsdatum, das nur den Zeitpunkt bezeichnet, bis zu dem diese Lebensmittel bei sachgerechter Lagerung ihre spezifischen Eigenschaften behalten.

### NOCH GUT

- Der Senf ist in Benutzung und es setzt sich Wasser ab. Kein Problem, einfach rühren.
- Die Currypaste ist nicht sonnengelb, sondern dunkler an der Oberfläche. Das ist kein Zeichen von Verderb, die Paste hat lediglich mit dem Sauerstoff reagiert.
- Sojasauce, Worcestershiresauce, Maggi flüssig: sie alle enthalten so viel Salz, da wird in der Regel nichts schlecht.
- Chilipasten und -saucen verändern vielleicht ein wenig ihren Rotton, aber schlecht werden sie eigentlich nicht.

## Richtig lagern

Bei Tomaten- und Paprikamark aus der Tube passiert seltener etwas als bei offenen Tomatenmark aus dem Döschen. Letzteres muss innerhalb einer Woche im Kühlschrank gelagert verbraucht sein. In den Tuben, wo wenig Luft drankommt und niemand mit einem unreinen Messer oder Löffel das Mark berührt, halten sie offen sicherlich noch vier bis sechs Wochen nach Anbruch.

Senf sollte man geöffnet im Kühlschrank lagern, so hält er besser sein Aroma.

Von Sojasauce bis Chilisauce – sie können auch im dunklen Vorratsschrank offen lagern.

**MUSS WEG**

- Andersartiger Geruch
- Fremder Geschmack

# MAYONNAISE UND REMOULADE

## Generelle Haltbarkeit

Mayonnaise und Remouladen können Sie geschlossen durchaus über das Mindesthaltbarkeitsdatum hinweg nutzen, da in den meisten Fällen die Mayonnaise noch nicht verdorben ist.

**NOCH GUT**

Wenn Sie Mayonnaise oder Remoulade aus der Tube drücken, ist zu Beginn die fettige Creme vom Wasser separiert. Dies ist kein Zeichen von Verderb.

**MUSS WEG**

- Ranziger oder seltsamer Geruch
- Ranziger oder ungewohnter Geschmack

## Was sagt das MHD aus?

Das Mindesthaltbarkeitsdatum auf den Flaschen, Gläsern und Tuben von Mayonnaise und Remoulade gilt für verschlossene Ware. Nach Überschreiten dieses Datums ist die Ware nicht verdorben. Sie sollten sie aber sicherheitshalber in den Kühlschrank legen und vor Benutzung die Mayonnaise oder Remoulade sensorisch überprüfen.

## Richtig lagern

Geschlossene Gläser, Flaschen, Tuben können im Vorratsschrank gelagert werden. Sie mögen es dunkel und natürlich auch kühl.
Sobald das Produkt angebrochen ist, gehört es in den Kühlschrank. Und als Faustregel gilt, dass es innerhalb von vier bis sechs Wochen aufgebraucht werden sollte.
Wichtig: Selbst gemachte Mayonnaise oder Remoulade soll am Tag der Herstellung verwendet werden und ist keine Lagerware. Maximal 24 Stunden im Kühlschrank, länger nicht!

**GEWUSST?**

Immer noch hält sich der Schreck, dass Mayonnaise in Salaten, insbesondere an heißen Sommertagen beim Grillen, eine Salmonellenvergiftung auslösen kann. Industriell gefertigte Mayonnaise und Remouladen werden nicht mit frischem Ei hergestellt, sondern in der Regel mit Flüssigei und werden dann als Produkt pasteurisiert. Die Gefahr ist wirklich klein. Doch bei selbstgemachter Mayo mit frischem Ei sollte die Gefahr nicht unterschätzt werden.

## Resteverwertung

Mayonnaise und Remoulade kann man auch mit Joghurt strecken und dann als Salatdressing verwenden. Geben Sie einen Klecks Mayonnaise oder Remoulade auf das Wurst- oder Schinkenbrot oder auf gekochte Eierhälften.

# EINGELEGTES UND PESTO

## Generelle Haltbarkeit

Saures, milchsaures oder salziges Einlegen sowie das Einlegen in Öl sind sehr alte Konservierungsmethoden. Das Gemüse ist meist wesentlich länger haltbar als langläufig angenommen wird.

**MUSS WEG**

- Ranziger, muffiger oder seltsamer Geruch
- Ungewohnter Geschmack

**NOCH GUT**

Pesto gehört letztlich auch zu Eingelegtes in Öl. Wenn nach Öffnen des Glases der Inhalt nicht vollständig mit Öl bedeckt ist, dann fangen die Kräuter, der Käse oder die Nüsse schnell an zu schimmeln. Geben Sie immer externes Öl auf das angebrochene Pesto und reiben Sie den Glasrand mit einem Küchenkrepp ab, so haben Sie länger etwas von Ihrem Pesto.

**GEWUSST?**

Einlegen bietet die Möglichkeit, Gemüse und andere Lebensmittel wie Hering ganz ohne Hitzeeinwirkung im Glas zu konservieren. Dafür wird das Lebensmittel entweder in einem sauren oder einem salzigen Sud, in Öl oder in einem milchsauren Sud eingelegt. Die Säure und das Salz machen Mikroorganismen das Leben schwer und verhindern so, dass das Gemüse verdirbt. Das Öl dagegen schließt die Lebensmittel luftdicht ab. Dadurch bleibt das Gemüse auch ohne langes Erhitzen haltbar.

## Was sagt das MHD aus?

Die Produkte tragen ein Mindesthaltbarkeitsdatum und sind ungeöffnet Monate darüber hinaus genießbar. Geöffnet kommt es auf die Lagerung an, denn kommt an das Produkt viel Luft, dann verdirbt es auch relativ schnell.

## Richtig lagern

Luftdicht verschlossen können Sie Sauerkraut, eingelegte Gurken, Perlzwiebeln, Mix Pickled usw. im Vorratsschrank lagern. Heringe gehören immer in den Kühlschrank und geöffnetes Eingelegtes auch. Dort hält es sich je nach Lebensmittel noch lange, wenn sie auch großzügig mit dem Sud bedeckt sind.

Legt man selbst Gemüse in Öl ein und soll es lange halten, muss man wissen, dass das Öl das Gemüse nicht konserviert, sondern es nur luftdicht einschließt. Daher sollte das Gemüse vor dem Einlegen erhitzt und in Essig mariniert werden.

# EINGEMACHTE ROTE BETE

3 GLÄSER Á 500 ML

1 kg Rote Bete
2 Zwiebeln
2 Knoblauchzehen
300 ml Weißweinessig
200 ml Apfelessig
100 ml Aceto Balsamico
80 g Rübensirup
1 Zimtstange
1 TL Koriandersamen
1 TL Salz

Die Rote Bete Knollen waschen und mit leicht gesalzenem Wasser bedeckt in einem Topf etwa 30 bis 40 Minuten garen. Rote Bete ist gar, wenn die Spitze eines scharfen Messers leicht eindringt. Inzwischen die Zwiebel abziehen und in Streifen schneiden. Den Knoblauch abziehen und in Scheibchen schneiden.

Die Essige mit dem Rübensirup und der Zimtstange unter Rühren aufkochen. Die rote Beten abgießen, leicht abkühlen lassen, die Haut abziehen und in mundgerechte Scheiben schneiden.

Rote Beten, Zwiebel und Knoblauch in den Essigsud geben, Koriander und Salz hinzufügen und alles einmal aufkochen lassen. Dann mit einer Schaumkelle die Rote Beten in Weckgläser füllen, mit Essigsud aufgießen. Die in heißem Wasser erwärmten Gummiringe auf die Weckglasränder legen, Deckel daraufsetzen und mit den Einmachklammern verschließen. Am nächsten Tag die Klammer lösen. Der Deckel sollte dann fest auf Glas sitzen.

# EINGELEGTES GEMÜSE »BELLA ITALIA«

2 GLÄSER Á 500 ML

100 g getrocknete Tomaten
je 1 rote, grüne und gelbe Paprikaschote
1 Zucchini
150 g Champignons
500 ml Olivenöl
Salz, Pfeffer
4 EL trockener Sherry
2–3 Knoblauchzehen
1 EL getrockneter Thymian
1 TL zerstoßener Fenchel

Die Tomaten mit heißem Wasser übergießen, darin 3 bis 4 Stunden einweichen und trocken tupfen. Paprikaschote waschen, vierteln, Stielansatz entfernen, entkernen und in Streifen schneiden. Im auf 200 °C vorgeheizten Backofen etwa 10 Minuten grillen, danach heiß in einen Gefrierbeutel geben und diesen verschließen. Inzwischen die Pilze mit Küchenkrepp sauber reiben, große Pilze vierteln. Die Zucchini waschen, Stiel- und Blütenansatz entfernen, dann in Scheiben schneiden. Etwas Olivenöl in einer Pfanne erhitzen, Zucchini und Pilze nacheinander darin anbraten, dabei salzen und pfeffern und die Pilze mit Sherry ablöschen. Knoblauch abziehen und sehr fein hacken.

Gemüse in Weckgläser einschichten, dabei einzelne Lagen mit Knoblauch und Gewürzen würzen. Zum Schluss das Glas mit Olivenöl auffüllen, sodass das gesamte Gemüse von Öl bedeckt ist.

# KONSERVEN

**MUSS WEG**

- Aufgeblähte Dosen
- Rost an der Dose

**NOCH GUT**

Wenn eine Dose eine Beule durch Fremdeinwirkung hat, sollten Sie den Doseninhalt kritischer beäugen, doch in der Regel ist er gut.

## Generelle Haltbarkeit

Vollkonserven haftet der Ruf an, dass sie schlicht nicht verderben können und ein idealer Vorrat für »schlechte Zeiten« sind.

## Was sagt das MHD aus?

Das Haltbarkeitsdatum von Konserven zeigt meist einen Zeitraum von 18 bis 24 Monaten an. Dieser Richtwert bedeutet jedoch nicht, dass nach Ablauf eine Verschlechterung des Inhalts zu befürchten wäre. Abgelaufene Konserven halten sich Jahre und manchmal noch Jahrzehnte. Unabhängig davon, ob es sich um Obst, Gemüse, Fisch oder Fleisch handelt, verändern sich Konsistenz, Farbe, Geruch und natürlich auch der Geschmack des Inhalts.
Halbkonserven werden aufgrund einer optimalen Geschmackserhaltung bei niedrigeren Temperaturen haltbar gemacht. Halbkonserven sind ungeöffnet nur einige Wochen bis Monate haltbar und müssen stets im Kühlschrank aufbewahrt werden.

## Richtig lagern

Die Qualität des Inhalts lässt sich durch eine optimale Lagerung beeinflussen. Dosen sollten niemals über 23 °C lagern und mögen es trocken und dunkel.
Der Inhalt von geöffneten Dosen sollte in luftdicht verschließbaren Gefäßen im Kühlschrank gelagert werden.
Halbkonserven lagern im besten Fall immer im Kühlschrank und der geöffnete Inhalt sollte auch hier in einem luftdicht verschließbaren Gefäß im Kühlschrank gelagert werden.

## Haltbar machen: Einfrieren

Voll- und Halbkonserven als solches lagern nie im Gefrierschrank. Doch nach dem Öffnen kann man den Inhalt im Gefrierbeutel oder -box einfrieren.

## Resteverwertung

Je nach Inhalt der Konserve lassen sich die Reste verwerten. Obst kommt mundgerecht geschnitten in ein Joghurt- oder Quarkdessert. Fleisch kommt in einen Eintopf oder aufs Brot. Gemüsereste kommen mit frischen Gemüseresten in eine Pfanne und schon hat man ein leckeres Pfannengemüse.

# TIEFKÜHL-PRODUKTE

**MUSS WEG**

Aufgetaute Lebensmittel!

## Generelle Haltbarkeit

Einfrieren ist das modernste und schonendste Konservierungsverfahren, das uns zur Verfügung steht. Tiefkühlprodukte halten je nach Inhalt unterschiedlich lang. Jedes Tiefkühlprodukt hat ein Mindesthaltbarkeitsdatum, doch muss man nach Ablauf des Datums die Produkte in der Regel nicht wegwerfen.

**NOCH GUT**

Wenn um das Tiefkühlprodukt eine mehr oder weniger dicke Schicht aus Eiskristallen liegt, hatte die Packung zeitweise eine falsche Kühltemperatur. Das kann zum Beispiel passieren, wenn man die Tiefkühlkost ohne Isoliertasche nach Hause transportiert und dort wieder ins Gefrierfach legt. Eiskristalle auf dem Gefriergut bedeuten nicht, dass das Lebensmittel schlecht ist.

**GEWUSST?**

Auch in gefrorenen Produkten finden Abbauprozesse statt. Die Haltbarkeit von Tiefkühlkost ist daher unterschiedlicher als die meisten Verbraucher glauben. Das wichtigste ist, die Kühlkette aufrecht zu erhalten, damit ein Produkt seine hohe Qualität behält und hygienisch einwandfrei bleibt.

## Richtig lagern

Die empfohlene Temperatur für Tiefkühlkost von -18 °C bringt die Zellaktivität zum Stillstand und sorgt für bakteriologisch unbedenkliche Produkte.
Die Haltbarkeit von Fleisch variiert besonders stark, zwischen drei und zwölf Monaten. Fett kann unter Lufteinfluss ranzig werden. Fettes Fleisch sollte daher nicht länger als drei bis vier Monate eingefroren werden. Besonders lang sind Pommes aus der Kühltruhe haltbar: bis zu 18 Monate. Hebt man sie noch länger auf, werden sie im Backofen nicht mehr kross.
Manche Fertigtiefkühlgerichte sind doppelt konserviert: Sie enthalten neben dem eigentlichen Tieffrieren auch zusätzliche Konservierungsstoffe und halten so länger, als wenn wir unsere eigenen Reste einfrieren.

## Was sagt das MHD aus?

Generell lässt sich sagen, dass Tiefkühlkost an Geschmack und Vitaminen verliert, wenn das Haltbarkeitsdatum überschritten ist. Verdorben ist die Tiefkühlkost deshalb aber nicht.

## Haltbarkeit bei -18°C

| Lebensmittel | Haltbarkeit |
|---|---|
| Gemüse | 3–12 Monate |
| Kräuter | 3–4 Monate |
| Obst | 9–12 Monate |
| Fleisch/Fisch | 3–12 Monate |
| Wurst | 1–6 Monate |
| Backwaren | 1–3 Monate |
| Milchprodukte | 2–6 Monate |
| Selbstgekochtes | 1–3 Monate |

# WASSER UND MINERALWASSER

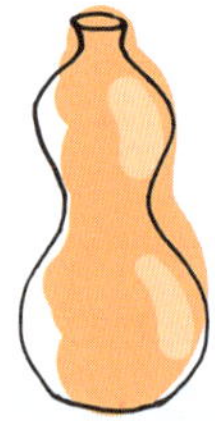

**NOCH GUT**

Nur, weil die Kohlensäure weniger geworden ist oder raus ist, ist das Wasser noch lange nicht schlecht.

## Generelle Haltbarkeit

Auch wenn auf den Flaschen ein Mindesthaltbarkeitsdatum angegeben wird, ist Wasser bei korrekter Lagerung praktisch unbegrenzt haltbar.

## Was sagt das MHD aus?

In PET-Flaschen abgefüllte Getränke verlieren im Laufe der Zeit Kohlensäure. Daher wurde für kohlensäurehaltiges Mineralwasser in PET ein kürzerer Mindesthaltbarkeitszeitraum als bei Glas festgelegt. Bei Mineralwasser ohne Kohlensäure liegt das Mindesthaltbarkeitsdatum bei 12 Monaten. Im Vergleich zu PET liegt bei Glasflaschen das Mindesthaltbarkeitsdatum bei 24 Monaten. Aber auch darüber hinaus ist das Wasser, wenn es verschlossen und luftdicht gelagert wurde, noch genießbar.

## GEWUSST?

Weder in Glas- noch in PET-Flaschen sollten Getränke längere Zeit der prallen Sonne ausgesetzt werden. Wie bei anderen Lebensmitteln beeinflusst eine lange Hitzeeinwirkung auch bei Mineralwasser die geschmackliche Qualität. Bei PET-Flaschen kann – etwa bei einer längeren Aufbewahrung der Getränke im aufgeheizten Auto – Acetaldehyd aus der Verpackung in das Produkt übergehen. Acetaldehyd ist gesundheitlich unbedenklich, kann aber zu einer geschmacklichen Veränderung des Getränks führen.

## MUSS WEG

Fremder Geruch oder Geschmack

## Richtig lagern

Mineralwasser luftdicht und verschlossen aufbewahren; es lagert am liebsten dunkel, trocken und kühl.

# SÄFTE, SOFTDRINKS UND SIRUP

## Generelle Haltbarkeit

Fruchtsäfte sind definitionsgemäß gärfähige Flüssigkeiten. Softdrinks bestehen aus Wasser, Zucker oder Süßstoffen sowie Aromen und für ein Sirup kocht man die Früchte mit etwas Wasser und entsaftet sie. Die gesiebte Flüssigkeit wird mit viel Zucker vermischt, gekocht und es entsteht ein Sirup. Alle drei Produkte haben ein Mindesthaltbarkeitsdatum. Softdrinks sind unbegrenzt haltbar, Sirup hält ebenfalls über Jahre. Nur Säfte können vergären und sind nicht unbegrenzt haltbar.

## Was sagt das MHD aus?

Alle drei Produkte sind über das Mindesthaltbarkeitsdatum hinaus noch genießbar. Bei den Softdrinks geht bei einer PET-Flasche nach einem Jahr über dem Mindesthaltbarkeitsdatum die Kohlensäure heraus und es kommt zu Entfärbungen. Sirup kann verschlossen eine gefühlte Ewigkeit gelagert werden. Bei Säften ist das anders. Da es sich noch um ein gärfähiges Produkt handelt, ist sein Mindesthaltbarkeitsdatum kürzer und auch seine Haltbarkeit nach Öffnen ist begrenzt. Nach max. zehn Tagen ist fast jeder Saft geöffnet hinüber.

### GEWUSST?

Je saurer ein Saft ist, desto haltbarer ist er in der Regel. Ein Orangen- oder Cranberrysaft ist somit länger haltbar, als beispielsweise ein Bananennektar oder Gemüsesaft.

NOCH GUT

Mit den Satz »Geöffnet innerhalb von 3–4 Tagen verzehren« auf ihrer Produktpackung schützen sich die Hersteller vor Reklamationen, die den Verderb ihres Saftes nach dem Öffnen betreffen. Wird die Saftpackung jedoch direkt nach dem Öffnen wieder verschlossen und im Kühlschrank aufbewahrt, sind Fruchtsäfte aus der Flasche oder Tetrapack meist länger haltbar als die vom Hersteller angegebenen drei bis vier Tage.

MUSS WEG

- Saft riecht vergoren
- Pilzteppich schwimmt in der Flüssigkeit
- Gewölbter Tetrapack bei Säften

## Richtig lagern

**Verschlossene Säfte, Softdrinks und Sirup** können im Keller oder im Vorratsschrank aufbewahrt werden.

Angebrochene Getränke gehören in den Kühlschrank und es ist auf Sauberkeit zu achten, um den Verderb durch Gärung zu verhindern. Ein Fruchtsaft sollte nicht direkt aus der Flasche getrunken werden und die angebrochene Verpackung nach dem Einschenken ist sofort wieder zu verschließen und zurück in den Kühlschrank zu stellen. Werden diese Punkte beachtet, kann man einen geöffneten Saft deutlich länger als sieben Tage genießen.

Eine Ausnahme sind **frisch gepresste Säfte und auch Smoothies**, die im Kühlregal stehen. Sie sollten möglichst schleunig in den Kühlschrank. An heißen Sommertagen mögen sie keine langen Autofahrten ohne Kühltasche, darunter leidet nicht nur die Qualität, sondern auch die Haltbarkeit. Sie fangen schnell an zu gären.

# WEIN · SCHNAPS BIER · LIKÖR

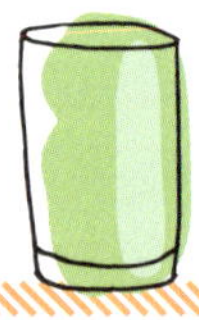

**MUSS WEG**

- Likör auf Sahne- und Eigelbbasis, wie Eierlikör oder Baileys, muss nach ein paar Jahren weg.
- Sekt und Champagner verlieren ihr Prickeln, aber lassen sich auch ohne Bläschen noch trinken.

## Generelle Haltbarkeit

Hochprozentiges ist nahezu unbegrenzt haltbar.

## Was sagt das MHD aus?

Während fast alle Lebensmittel laut Lebensmittel-Kennzeichnungsverordnung (LMKV) mit einem Mindesthaltbarkeits- oder sogar einem Verfallsdatum versehen sein müssen, ist dies bei Spirituosen nicht der Fall. Schon bei Getränken mit einem Alkoholgehalt von mindestens 10 % vol. gibt es keine Frist, weil die Haltbarkeit von Spirituosen, Wein und Sekt im Grunde unbegrenzt ist. Bier braucht ein Mindesthaltbarkeitsdatum, doch auch hier gilt: Es ist bestimmt auch noch über diesen Termin hinaus gut trinkbar.

**NOCH GUT**

Schnaps, Weinbrand, aber auch Liköre auf Basis von Fruchtaromen in halb ausgetrunkenen Flaschen sind noch nach Jahren gut und trinkbar.

**GEWUSST?**

Dunkle, malzlastige Biere kann man durchaus ein bis drei Jahre lagern. Sie halten wesentlich länger als die hellen, hopfenlastigen Biere, die mit der Zeit an Aroma verlieren.

## Richtig lagern

**Bier** lagert am besten im Keller oder in der kühlen und dunklen Vorratskammer.

**Spirituosen** lagern trocken, damit der Deckel nicht rostet oder sich Schimmel in den Deckel setzt. Dunkel hat den Vorteil, dass es nicht zu einer Entfärbung kommt.

**Wein** mag es kühl, dunkel und möglichst keine Temperaturschwankungen. Die Weinflasche mag liegend gelagert werden, damit der Korken (wenn noch vorhanden) feucht ist.

**Sekt, Champagner und Co.** – wenn Sie denn einen Korken haben, dann wollen sie ihre kurze Lagerzeit stehen, denn der trockene Korken reduziert den Verlust von Kohlensäure.

# KAFFEE UND TEE

## Generelle Haltbarkeit

Beide Produkte sind über ihr Mindesthaltbarkeitsdatum noch verzehrsgeeignet. Kaffeebohnen verlieren wesentlich langsamer an Aroma als gemahlener Kaffee. Beim Tee ist nicht entscheidend, ob es sich um Teebeutel oder losen Tee handelt, sondern die Teesorte.

**NOCH GUT**

Kein Anzeichen von Verderb

## Haltbar machen: Einfrieren

Kaffeebohnen und -mehl werden gerne eingefroren, um das Aroma zu schützen. Wenn man den Kaffee durchgehend gefriert und nur Portionen entnimmt, ist das kein Problem. Bei einer geöffneten Kaffeetüte aus der Gefriertruhe kommt es zu Kondensationsfeuchtigkeit in der Kaffeepackung und so könnte es außerhalb des Gefrierschranks zur Schimmelbildung im Kaffee kommen.

## Was sagt das MHD aus?

Generell haben Kaffee und Tee eine lange Haltbarkeitsdauer und werden nicht »schlecht« wie andere Lebensmittel. Mit dem Mindesthaltbarkeitsdatum auf der Verpackung gibt der Hersteller an, wie lange das Produkt aus seiner Sicht die optimale Qualität hat. Danach kann Kaffee oder Tee an Aroma verlieren, ist aber in der Regel noch genießbar.

Schwarzer Tee kann mindestens 18 Monate nach MHD aufbewahrt werden, während aromatisierte Produkte in kürzerer Zeit verbraucht werden sollten. Sie verlieren an ihrem typischen Aroma. Bei Kräuter- und Früchtetees liegt die Mindesthaltbarkeit in der Regel bei mindestens zwei Jahren. Die Haltbarkeit kann sich verkürzen, wenn Fruchtstückchen enthalten sind. Bei geschnittenen Kräutertees geht das Aroma besonders schnell verloren, während Rooibostee aus Südafrika sehr robust ist.

## Richtig lagern

Tee sollte kühl, trocken und dunkel aufbewahrt werden, wofür sich luftdichte Teedosen aus Metall, Glas oder Porzellan besonders eignen. Die verschiedenen Sorten sollten voneinander getrennt aufbewahrt werden, damit keine Aromen übertragen werden. Auch Teebeutel wollen nicht in der Pappverpackung bleiben; sie sind dort zwar vor Licht geschützt, aber vor Gerüchen und Feuchtigkeit hilft nur eine luftdichte Teedose.

Kaffeebohnen lassen sich sehr lange kühl, trocken und dunkel lagern. Meist haben sie verpackt einen Aromaschutz, in dem sie vakuumiert sind. Auch das Kaffeemehl wird bei sachgerechter Lagerung nicht schlecht, sondern verliert an Aroma.

## Resteverwertung

Ist der Tee nicht mehr ganz so aromatisch, dann ist er immer noch gut genug für einen Punsch.

**MUSS WEG**

Bei Schimmelbefall, der durch falsche, zu feuchte Lagerung entsteht.

# LEBENSMITTELVERSCHWENDUNG: DATEN UND FAKTEN

## Wie verdorbene Lebensmittel richtig entsorgt werden

Nicht für weitere Mahlzeiten verwertbare Essensreste kommen ohne Verpackung in die Biotonne. Doch Achtung! Die Abfallsatzungen der Kommunen geben Auskunft, welche Bioabfälle in die Biotonne gefüllt werden dürfen. Denn je nach Kompostiersystem der Kommune gibt es hier einige Unterschiede zu beachten.

Auf den Kompost gehören keine tierischen und keine gekochten Essensreste, da dies Wildtiere wie Ratten anlockt. Werfen Sie sie in den Restmüll.

Wenn Sie einen Garten haben, empfiehlt sich der Einsatz eines Komposters. Auch auf einem Balkon oder sogar in der Küche kann mit Hilfe von »Wurmkisten« eigener Kompost erzeugt werden. Voraussetzung ist, das ausreichend Gartenflächen vorhanden sind, auf denen der selbst erzeugte Kompost verwertet werden kann. Beachten Sie hierzu unsere Hinweise zur Eigenkompostierung auf der Website des Umweltbundesamtes (www.umweltbundesamt.de).

Essensreste dürfen auf keinen Fall über Toiletten oder Abwasser entsorgt werden. Grobe Abfälle können die Abwasserrohre verstopfen und sind ein gefundenes Fressen für Ratten.

Essensreste entsorgt über die Toilette machen die Abwasserreinigung aufwendiger und damit teurer. Die meisten Kommunen haben daher in ihren Abwassersatzungen das Entsorgen fester Stoffe wie Lebensmittelabfälle, auch in zerkleinerter Form, explizit verboten.

# REGISTER

# WEITERE TITEL ZUM THEMA
# NACHHALTIGKEIT

978-3-7724-7158-2

978-3-7724-8159-8

978-3-7724-4815-7

978-3-7724-4950-5

978-3-7724-7164-3

978-3-7724-7172-8

978-3-7724-4976-5

# IMMER INFORMIERT, IMMER INSPIRIERT – DIE GANZE WELT VON TOPP AUCH IM NETZ

## Webseite

Die neuesten Trends, die schönsten Kreativbücher und die aktuellsten Informationen auf unserer Webseite
Schau mal vorbei und stöbere Sie in unserem riesigen Angebot von mehr als 1000 Kreativbüchern, Sets und mehr:

**www.TOPP-kreativ.de**

## Newsletter

Bunt, überraschend und immer aktuell – immer auf dem Laufenden mit unserem Newsletter
Noch heute anmelden und regelmäßig Informationen, Tipps und Neuheiten erhalten:

**www.TOPP-kreativ.de/Newsletter**

## Digitale Bibliothek

Tutorial-Videos, Plotter-Dateien, Vorlagen zum Ausdrucken, Übungsblätter etc.
Zu vielen TOPP-Büchern gibt es digitale Extras. Schau im Impressum nach (die letzte Seite des Buches): Wenn dort ein Freischaltcode abgedruckt ist, dann besuche die Digitale Bibliothek auf unserer Webseite, registriere Dich einmalig und schalten Sie Ihre Zusatzmaterialien frei:

**www.TOPP-kreativ.de/DigiBib**

## Facebook

Werde Teil unserer Communitys Mitstrickzentrale fürs Handarbeiten und Bastelzentrale für die Themen Basteln, Bauen, Dekorieren & DIY. Du findest uns unter:

**www.facebook.com/Mitstrickzentrale**
**www.facebook.com/Bastelzentrale**

## Instagram

Live dabei mit ständig aktuellen News aus dem frechverlag
Willst Du wissen, was bei uns gerade passiert und woran wir arbeiten? Dann folge uns auf Instagram. Möchtest Du uns an Deinen Kreativprojekten teilhaben lassen? Dann poste doch gleich ein Foto mit dem Hashtag **#frechverlag** und wir stellen Dein Werk gerne der Community vor:

**www.Instagram.com/frechverlag**

## Pinterest

Neue Bücher, neue Ideen und die Menschen, die sie machen
Du bist auf der Jagd nach den neuesten Ideen und aktuellen Trends im DIY-Bereich? All das gibt es auf den Pinnwänden des frechverlags unter:

**www.Pinterest.com/frechverlag**

## Youtube

Ein Video sagt oft mehr als tausend Worte
Du möchtest neue Techniken ausprobieren, Autoren kennenlernen oder einmal hinter die Kulissen unserer Buchproduktionen schauen? Dann abonniere den Kanal des frechverlags unter:

**www.YouTube.com/frechverlag**

# WER WIR SIND, WIE WIR ARBEITEN, WAS WIR LIEBEN ...

Folge uns auf Instagram, Facebook und Pinterest, um mehr über uns und unsere Arbeit zu erfahren und immer mit den neuesten Informationen versorgt zu sein.

Alle News, alle Infos und alle Links findest Du auf www.TOPP-kreativ.de

## DIE AUTORIN ANNE IBURG

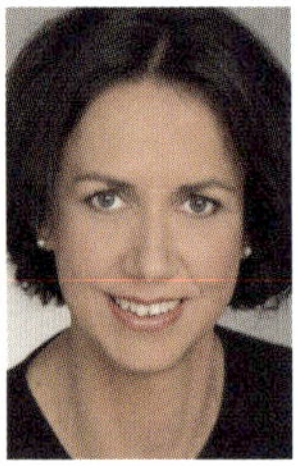

Anne Iburg ist Autorin zahlreicher Bestseller im Bereich Kochbuch und Ernährungsratgeber. Sie studierte an der Universität Bonn Oecotrophologie, arbeitete anschließend in einem sehr bekannten deutschen Kochstudio sowie in einem großen Ratgeberverlag, bevor sie sich vor mehr als zehn Jahren selbständig machte. Heute lebt sie mit ihrer Familie in Kaiserslautern und kocht und backt für ihr Leben gerne.

## DIE ILLUSTRATORIN JOSY JONES

Josephine Schwan-Jones, oder kurz Josy Jones, ist Autorin, Illustratorin und Grafikerin mit Spezialisierung auf Kinder- und Jugendmedien. Sie wurde 1990 in Nürnberg geboren, wuchs aber als Halbamerikanerin und Militär-Tochter in zahlreichen Städten auf. In South Carolina schloss sie 2008 die High School ab, woraufhin sie für ihre weitere Bildung wieder nach Deutschland zog. 2012 absolvierte sie ihre schulische Ausbildung als Grafikerin an der Carl-Hofer-Schule in Karlsruhe. Nach einiger Zeit als Angestellte in einer Werbeagentur und einem Stuttgarter Kinderzeitschriftenverlag, machte sie sich Anfang 2015 in Wörth am Rhein selbstständig, wo sie seither unter anderem für verschiedene Verlage, Zeitschriften und Bücher im Kinder- und Jugendbereich gestaltet, schreibt und illustriert.